DIE BUNDESLÄNDER
Kiel
SCHLESWIG-
HOLSTEIN
MECKLENBURG-
VORPOMMERN
Schwerin
HAMBURG
BREMEN
NIEDERSACHSEN
Hannover
BERLIN
Potsdam
BRANDEN-
BURG
Magde-
burg
SACHSEN-
ANHALT
NORDRHEIN-
WESTFALEN
Düsseldorf
SACHSEN
Dresden
Erfurt
THÜRINGEN
HESSEN
Wiesbaden
Mainz
RHEINLAND-
PFALZ
SAARLAND
Saarbrücken
Stuttgart
BADEN-
WÜRTTEMBERG
BAYERN
München

INHALTSVERZEICHNIS

Redaktion: Sabine Hartel, Anne-Katrin Pietsch, Dörte Albrecht
Umschlaggestaltung und Satz: Barbara Reiser
ISBN-10: 3-89717-356-5
ISBN-13: 978-3-89717-356-9
Printed in Italy

10 9 8 7 6 5 4 3 2 1

Dein buntes Wörterbuch Deutschland

Konzeption:
Dörte Albrecht

Text:
Cornelia Ziegler

Illustrationen:
Colette Hus-David

FLEURUS VERLAG

EUROPÄISCHES NORDMEER
Island
ATLANTISCHER OZEAN
NORDSEE
OSTSEE
Finnland
Norwegen
Schweden
Russland
Estland
Lettland
Litauen
Russl.
Dänemark
Irland
Groß-britannien
Niederlande
Belgien
Luxemburg
Deutschland
Polen
Weißrussland
Ukraine
Tschechische Republik
Slowakei
Österreich
Frankreich
Schweiz
Liechtenstein
Slowenien
Ungarn
Moldawien
Rumänien
Kroatien
Bosnien-Herzegowina
Serbien und Montenegro
Bulgarien
SCHWARZES MEER
Portugal
Spanien
Andorra
Monaco
San Marino
Italien
Vatikanstadt
Korsika
Sardinien
Balearen
Mazedonien
Albanien
Griechenland
Türkei
Sizilien
Malta
Kreta
Zypern
MITTELMEER

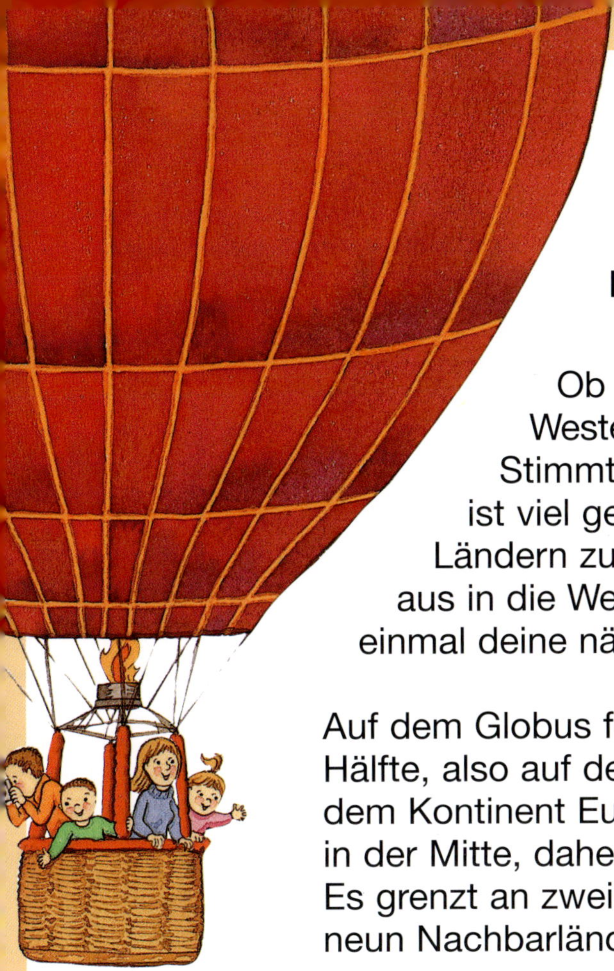

IN EUROPA LEBEN – IN DEUTSCHLAND WOHNEN

Ob im Norden, Süden, Osten oder Westen, zu Hause ist es doch am besten! Stimmt das? Wer so etwas behaupten kann, ist viel gereist und weiß, wie es in anderen Ländern zugeht. Aber bevor du beschließt, hinaus in die Welt zu ziehen, schaue dir doch erst einmal deine nähere Umgebung an.

Auf dem Globus findest du Deutschland in der oberen Hälfte, also auf der nördlichen Halbkugel. Es gehört zu dem Kontinent Europa. Hier liegt Deutschland ziemlich in der Mitte, daher zählt Deutschland zu Mitteleuropa. Es grenzt an zwei Meere – Nord- und Ostsee – und hat neun Nachbarländer.

Deutschland wiederum ist in 16 Bundesländer aufgeteilt. In welchem wohnst du? Wie es in jedem einzelnen Bundesland aussieht, welche wichtigen Gebirge, Flüsse oder Seen es gibt, was man dort gern isst und trinkt – all das und vieles mehr kannst du auf den folgenden Seiten nachlesen.

Dieses Sachbilderbuch lädt Kinder und Eltern auf eine Rundreise durch Deutschland ein. Gemeinsam kann geblättert, gefragt und entdeckt werden – allen unterwegs viel Vergnügen!

BERLIN

Berlin ist die Hauptstadt und zugleich die größte Stadt der Bundesrepublik Deutschland. Wie Hamburg und Bremen ist Berlin ein Stadtstaat, also Stadt und Bundesland in einem. Berlin blickt auf eine bewegte Geschichte zurück: 28 Jahre lang war die Stadt in Ost und West geteilt.

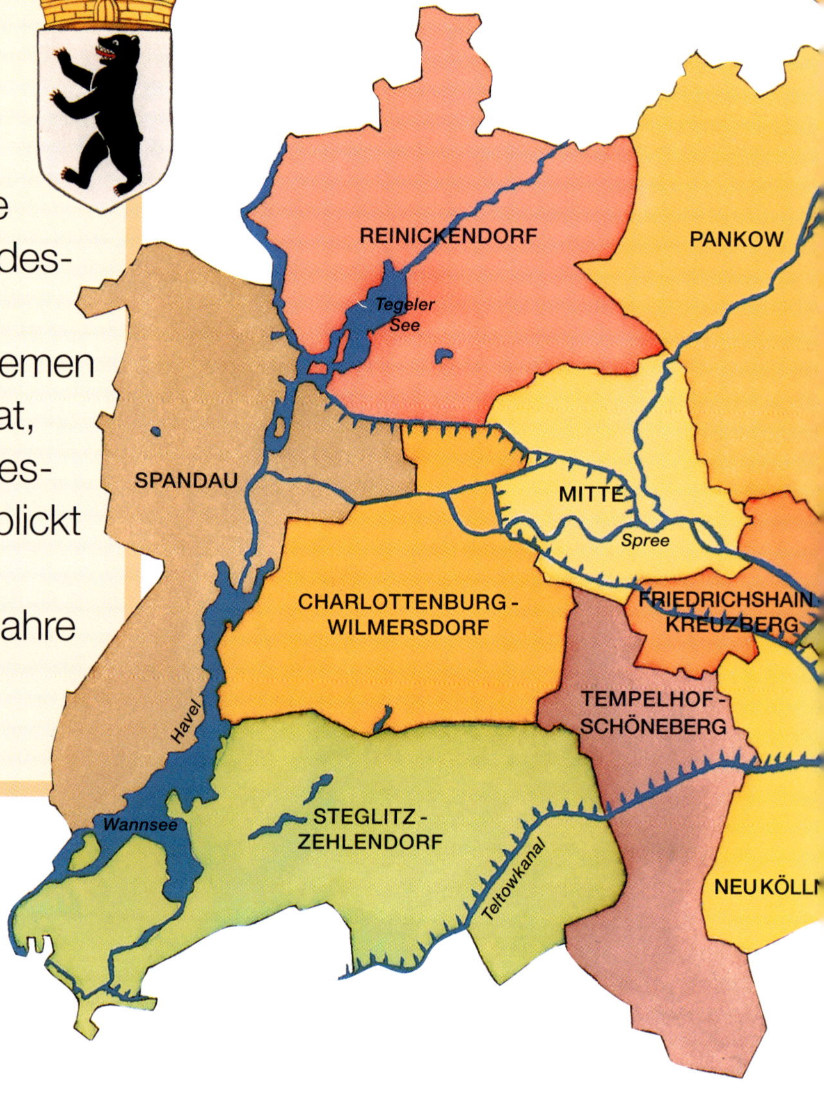

Das Brandenburger Tor ist das bekannteste Wahrzeichen Berlins. Heute ist es das Symbol der wiedervereinten Stadt.

Die Kaiser-Wilhelm-Gedächtnis-Kirche wurde im Zweiten Weltkrieg zerstört. Die Turmruine, von den Berlinern „hohler Zahn" genannt, ist heute ein Mahnmal.

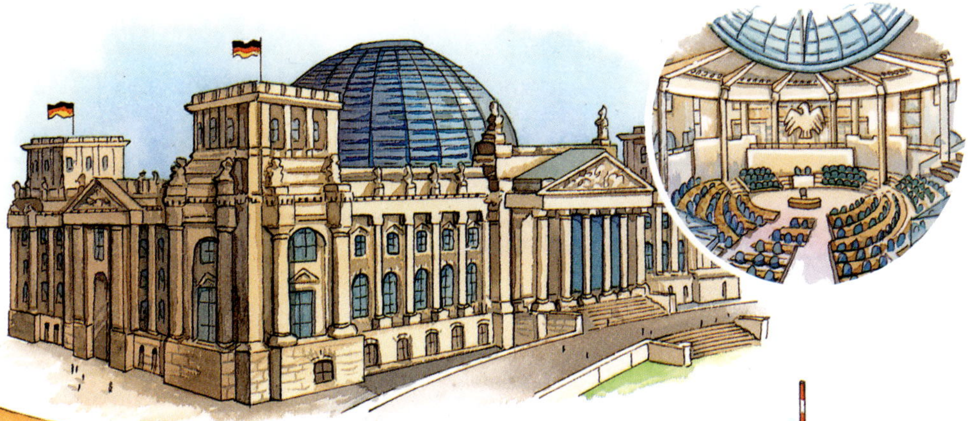

Das Reichstagsgebäude ist der Sitz des Bundestags – so heißt das deutsche Parlament. Im Plenarsaal diskutieren die Politiker der verschiedenen Parteien miteinander und treffen Entscheidungen.

Vom Fernsehturm am Alexanderplatz hat man den besten Blick über die Stadt. Auf der Weltzeituhr vor dem Turm kann man ablesen, wie spät es zum Beispiel gerade in New York ist.

GESTERN UND HEUTE

Nach dem Zweiten Weltkrieg wurde Deutschland geteilt. Es entstanden die Bundesrepublik im Westen und die DDR im Osten.

Weil viele Menschen über Berlin in den Westen flohen, ließ die Regierung der DDR 1961 eine Mauer bauen.

Die Mauer trennte die Menschen voneinander. Wer in Ostberlin wohnte, durfte nicht mehr nach Westberlin fahren.

Am 9. November 1989 fiel die Mauer. Die Menschen jubelten. Seit 1990 ist Deutschland wiedervereint.

Am Potsdamer Platz, wo früher die Mauer verlief, befinden sich heute hochmoderne Gebäude.

KUNST UND KULTUR

Auf der Museumsinsel gibt es Gemälde und Kunstschätze zu bewundern – darunter die Büste der ägyptischen Königin Nofretete.

ENTDECKEN UND ERLEBEN

Berlin hat nicht nur viele Museen, sondern auch schöne Ausflugsziele zu bieten. Im Sommer zum Beispiel kann man im Wannsee baden.

Das Strandbad Wannsee hat einen breiten künstlichen Sandstrand. Da fühlt man sich wie im Urlaub am Meer! Es werden sogar Strandkörbe vermietet. Außerdem gibt es eine Wasserrutsche und einen Spielplatz.

Berlin kann man auch mit dem Schiff erkunden – bei einer Dampferfahrt auf der Spree und der Havel.

Bei der Berliner Parkeisenbahn im Volkspark Wuhlheide dürfen Kinder ab elf Jahren als Schaffner tätig sein.

Im größten Park, dem Tiergarten, steht die Siegessäule mit der Siegesgöttin Viktoria. Die vergoldete Skulptur hat den Spitznamen „Goldelse“.

Das Elefantentor ist der Eingang zum Berliner Zoo.

Das Museum für Naturkunde zeigt das weltweit größte Saurierskelett.

Die bekanntesten Bewohner des Zoos sind die beiden Pandabären Bao Bao und Yan Yan aus China.

Im Sea Life Center kann man Haie und andere Meeresbewohner aus nächster Nähe beobachten.

ARBEIT UND WIRTSCHAFT

Weil Berlin eine sehr große Stadt ist, müssen viele Menschen jeden Morgen weite Strecken zur Arbeit zurücklegen.

Am besten benutzt man öffentliche Verkehrsmittel. Mit S-Bahn und U-Bahn kommt man in Berlin fast überall hin.

In Berlin gibt es das westdeutsche und das ostdeutsche Ampelmännchen. Das ostdeutsche ist etwas pummeliger!

Das Kaufhaus des Westens, meist nur KaDeWe genannt, gilt als das größte Warenhaus Europas.

Der Kurfürstendamm, eine bekannte Einkaufsmeile mit eleganten Geschäften und Cafés, wird Ku'damm genannt.

ESSEN UND TRINKEN

Stadt erkunden macht hungrig! Eine Berliner Spezialität ist die Currywurst. Typische Berliner Getränke sind Berliner Weiße und Fassbrause.

Brüh- oder Bratwurst in Ketschupsoße mit Currypulver: die Currywurst.

Bier mit einem Schuss Waldmeister- oder Himbeersirup: Berliner Weiße mit Schuss.

Fassbrause ist Limonade mit Apfelgeschmack, die direkt vom Fass gezapft wird. Sie ist sehr erfrischend. Man kann sie zum Beispiel in einem der Staßencafés auf der Prachtstraße Unter den Linden trinken.

SCHLESWIG-HOLSTEIN

Schleswig-Holstein liegt zwischen Nord- und Ostsee und ist das nördlichste Bundesland. Dazu gehören auch die Nordfriesischen Inseln und die Insel Fehmarn in der Ostsee. Der Nord-Ostsee-Kanal ist einer der meistbefahrenen Kanäle der Welt!

An der Ostseeküste liegt das Wasserschloss Glücksburg mit seinen vier imposanten Ecktürmen.

An den Küsten von Nord- und Ostsee weisen Leuchttürme den Schiffen den Weg.

Jede Menge Deiche schützen die Menschen vor Sturmfluten und Überschwemmungen. Schafe halten das Gras kurz und trampeln zugleich den Boden fest. Auf den Deichen kann man prima Rad fahren!

Die eingemeißelten Buchstaben GGGMF über dem Eingangsportal stehen für den Wahlspruch des Schlosses: „Gott gebe Glück mit Frieden.“

Die Kieler Woche ist eine berühmte Regatta, an der Segler aus aller Welt teilnehmen. Der Höhepunkt ist die Windjammerparade mit den alten, mehrmastigen Großseglern. Sie wird oft von dem Segelschulschiff Gorch Fock angeführt.

Der Till Eulenspiegel-Brunnen in Mölln zeigt den für seine Streiche bekannten Schelm. Er soll in dieser Stadt seine letzten Lebenswochen verbracht haben.

WICHTIGE SEHENSWÜRDIGKEITEN

Lübeck mit seinen schönen, mittelalterlichen Häusern ist die Geburtsstadt von Thomas Mann, einem berühmten Schriftsteller.

Das mächtige alte Stadttor in Lübeck heißt Holstentor. Es ist das Wahrzeichen der Hansestadt.

In seinem Roman „Buddenbrooks" beschreibt Thomas Mann das Haus seiner Großeltern in Lübeck.

Im Wikinger-Museum Haithabu bei Schleswig erfährt man, wie das Seefahrervolk der Wikinger lebte. Ein in der Wikingersiedlung Haithabu gefundenes Langschiff wurde im Museum wiederaufgebaut und kann dort jetzt besichtigt werden!

Viele Menschen zieht es in den Ferien an die Nord- und Ostseeküste. Die Nordseeinsel Helgoland ist ein beliebtes Ausflugsziel.

Auf Helgoland befindet sich die Lange Anna: Das ist ein markanter, frei stehender roter Sandsteinfelsen.

Unter der Eisenbahnhochbrücke Rendsburg hängt eine Schwebefähre, mit der man den Nord-Ostsee-Kanal überquert.

Im Wattenmeer vor der Nordseeküste liegen winzige Inseln, Halligen genannt. Sie sind teilweise bewohnt. Die Häuser sind auf künstlichen Erdhügeln gebaut, damit sie bei Flut nicht überschwemmt werden. Diese Erdhügel werden Warften genannt.

ENTDECKEN UND ERLEBEN

Am Meer wird es nie langweilig. Man kann zum Beispiel eine Wattwanderung machen und dabei schöne Muscheln suchen.

Bei einer Fahrt auf dem Krabbenkutter erlebt man, wie die Fischer Krabben und andere Meerestiere fangen.

In der Seehundstation in Friedrichskoog werden verlassene Jungtiere, Heuler genannt, aufgezogen.

Bei Ebbe kann man durch das Watt wandern. Um nicht von der Flut überrascht zu werden, sollte man unbedingt an einer geführten Wattwanderung teilnehmen. Dabei erfährt man Spannendes über die vielen Tiere im Wattenmeer.

In Schleswig-Holstein gibt es nicht nur Meer und Strand: Bei den Karl-May-Spielen in Bad Segeberg findet man sich im Wilden Westen wieder!

Auf einer großen Freilichtbühne werden die Geschichten aus Karl Mays Indianerromanen aufgeführt. In der Show mit echten Pferden und tollen Stunts kann man die Abenteuer von Winnetou und Old Shatterhand hautnah miterleben.

Der Hansa-Park in Sierksdorf ist ein großer Freizeitpark mit einer Schwindel erregenden Achterbahn.

Einheimische und tropische Schmetterlinge flattern im Garten der Schmetterlinge in Friedrichsruh um die Besucher.

ARBEIT UND WIRTSCHAFT

Im Land zwischen den Meeren spielen die Fischerei und der Schiffbau eine große Rolle. Aber auch die Landwirtschaft ist wichtig.

Früh morgens fahren die Kutter zum Fischfang aufs Meer hinaus. Krabben fängt man mit großen Körben.

In den Kieler Werften werden große Schiffe gebaut. In Kiel entstand auch das erste deutsche U-Boot.

Weißkohl, Rotkohl und Wirsing gedeihen auf dem Marschland von Dithmarschen an der Nordseeküste besonders gut.

Der beständige Wind wird in Schleswig-Holstein genutzt, um mit Windrädern Strom zu produzieren.

ESSEN UND TRINKEN

Seeluft macht hungrig auf Fisch oder Krabben. Naschkatzen bevorzugen rote Grütze und Marzipan. Außerdem trinkt man hier gerne Tee.

Rote Grütze

Zutaten: 375 g rote (oder gemischte) Johannisbeeren, 125 g Himbeeren, 500 g Erdbeeren, 65 g Speisestärke, 250 g Zucker

Die Johannisbeeren und die Himbeeren mit 1/2 l Wasser kurz aufkochen. Dann durch ein Sieb streichen. Mit 1 l Wasser ergänzen, wieder aufkochen und mit der kalt angerührten Speisestärke binden. Mit dem Zucker süßen. Zum Schluss darin die Erdbeeren (halbiert oder geviertelt) einmal aufkochen. Die rote Grütze in eine Schale füllen und erkalten lassen.

Rote Grütze ist eine norddeutsche Spezialität. Sie besteht hauptsächlich aus roten Früchten und schmeckt mit Sahne oder Vanillesauce besonders lecker. Manchmal wird die Nachspeise auch mit einer Kugel Vanilleeis serviert.

Das köstliche Lübecker Marzipan ist ein beliebtes Mitbringsel. Es ist in der ganzen Welt bekannt.

Eine Teestunde, bei der man erzählt und der Kluntje (Kandis) in der Tasse knistert – das ist richtig gemütlich!

HAMBURG

Die Hansestadt Hamburg ist die zweitgrößte Stadt Deutschlands und zugleich ein Bundesland. Hansestadt heißt sie, weil sie im Mittelalter zum Handelsbund der Hanse gehörte. Wegen des berühmten großen Hafens wird Hamburg auch das „Tor zur Welt" genannt.

Mitten in der Stadt kann man auf der Außenalster segeln und rudern.

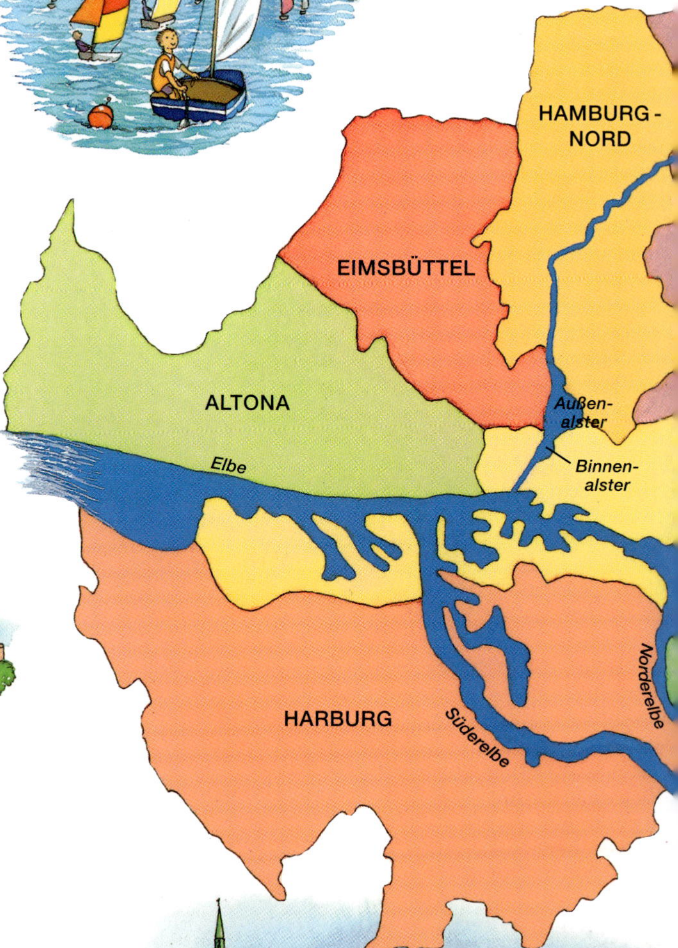

Riesige Containerschiffe, die von der Nordsee kommen, steuern den Hamburger Hafen an. Sie müssen noch etwa 100 km über die Elbe fahren.

In der Speicherstadt lagern Waren aus der ganzen Welt: Tabak, Kaffee, Tee, Teppiche ... Heute werden nicht mehr alle Lagerhäuser für den Seehandel benötigt. In manchen befinden sich jetzt interessante Museen.

Das Denkmal zeigt den sagenumwobenen Seeräuber Klaus Störtebeker, der mit seinen Gefährten in Hamburg enthauptet wurde.

Hamburg ist die Stadt mit den meisten Brücken der Welt. Die Köhlbrandbrücke ist mit 88 Stahlseilen an zwei hohen Pfeilern aufgehängt.

Der Hamburger Hafen ist der größte Seehafen Deutschlands. Frachtschiffe bringen alle möglichen Waren in die Hansestadt. In Hamburg legen auch riesige Kreuzfahrtschiffe an.

WICHTIGE SEHENSWÜRDIGKEITEN

Zahlreiche Gebäude sind aus rotem Backstein – wie in vielen Hansestädten. Die Krameramtsstuben sind die ältesten Häuser der Stadt.

Das Wahrzeichen der Stadt ist die St.-Michaelis-Kirche, „Michel" genannt. Vom Turm aus sieht man ganz Hamburg.

Das Chilehaus ist ein außergewöhnliches Bürogebäude: Es hat die Form eines Ozeandampfers!

Das imposante Hamburger Rathaus wurde auf 4000 Pfählen gebaut, da der Untergrund so morastig ist.

Die Krameramtsstuben stehen in einem engen Gässchen. Eine Besonderheit sind die gedrehten Schornsteine.

Jedes Jahr im Mai wird der Geburtstag des Hamburger Hafens gefeiert. Vier Tage lang gibt es zahlreiche Veranstaltungen.

Am Hafengeburtstag kann man unterschiedliche Schiffe an Deck besichtigen. Es gibt Schiffsparaden mit Kleinbooten und prachtvollen Großseglern. An den Landungsbrücken findet in den Abendstunden ein tolles Feuerwerk statt.

Einen außergewöhnlichen Spaziergang kann man durch den Alten Elbtunnel machen. Die gekachelte Tunnelröhre führt nämlich unter der Elbe hindurch! So gelangt man vom Stadtviertel St. Pauli zum südlichen Elbufer nach Steinwerder. Von dort hat man einen schönen Blick auf die Landungsbrücken.

ENTDECKEN UND ERLEBEN

Hamburg hat auch viele Parks. Der bekannteste heißt Planten un Blomen. Dort gibt es einen großen Spielplatz und abends Wasserlichtkonzerte.

In „Planten un Blomen“ kann man sich im Sommer farbige Wasserspiele ansehen – an Sonntagen sogar mit Musik!

Das „Miniatur Wunderland“ in der Speicherstadt ist eine riesige Eisenbahnanlage mit digital gesteuerten Zügen.

Hagenbecks Tierpark bietet etwas ganz Besonderes: Hier darf man die Elefanten mit Obst und Gemüse füttern!

Im Alten Land bei Hamburg kann man die blühenden Obstplantagen mit dem Plantagen-Express erkunden.

ARBEIT UND WIRTSCHAFT / ESSEN UND TRINKEN

Hamburg ist nicht nur als Hafen-, sondern auch als Medienstadt bekannt. Viele Menschen arbeiten bei Buch- und Zeitungsverlagen.

Auf dem Fischmarkt in St. Pauli, nicht weit von den Landungsbrücken, preisen die Fischverkäufer jeden Sonntag zu früher Stunde ihre Ware an. Es gibt aber nicht nur Fisch zu kaufen, sondern auch allerhand Krimskrams ...

Labskaus ist eine Hamburger Spezialität aus Pökelfleisch, Kartoffeln, Matjes, Roter Bete, Gurke und einem Spiegelei.

Wenn die Eltern Alsterwasser bestellen, dann meinen sie ein Mischgetränk aus Bier und Zitronenlimonade.

MECKLENBURG-VORPOMMERN

Mecklenburg-Vorpommern, kurz Meck-Pomm genannt, ist das gewässerreichste Bundesland. Neben unzähligen Flüssen und Seen hat es auch die längste Küste. Viele Urlauber erholen sich zum Beispiel auf Rügen, der größten deutschen Insel. Schwerin heißt die Landeshauptstadt.

Im Land der Tausend Seen, der Mecklenburgischen Seenplatte, kann man tagelange Bootswanderungen unternehmen.

Die Hansestadt Rostock ist die größte Stadt Mecklenburg-Vorpommerns. Sie liegt an der Ostsee und hat einen großen Hafen.

Mecklenburg-Vorpommern ist für seine wunderschönen Alleen mit altem Baumbestand bekannt.

Auf den deutschen Ostseeinseln Poel, Fischland-Darß-Zingst, Hiddensee, Rügen und Usedom gibt es viel zu entdecken:

① An den Stränden kann man durchlöcherte Feuersteine, so genannte Hühnergötter, finden.

② Auf dem Darß weht ein kräftiger Wind. Das kann man auch an den schiefen Bäumen, den „Windflüchtern“, erkennen.

③ Mit der Kutsche oder mit dem Rad ist man auf der autofreien Insel Hiddensee unterwegs.

Viele Ostsee-Urlauber spazieren bei Wind und Wetter auf den weit ins Meer reichenden Seebrücken oder entlang der schneeweißen Sandstrände, wie sie für die Seeheilbäder Heringsdorf, Bansin und Ahlbeck auf der Insel Usedom typisch sind.

WICHTIGE SEHENSWÜRDIGKEITEN

Schlendert man durch Städte wie Schwerin, Stralsund oder Neubrandenburg, kommt man an alten malerischen Gebäuden vorbei.

Das Schweriner Schloss liegt auf einer Insel im Schweriner See. Mit den vielen Türmchen sieht es wie ein Märchenschloss aus. Ob die Landesregierung, die im Schloss arbeitet, schon dem Schlossgeist, dem „Petermännchen", begegnet ist?

Das Rathaus der alten Hansestadt Stralsund besteht aus vielen roten Backsteinen – wie das Holstentor in Lübeck!

Wiekhäuser (Wachhäuser) sind heute noch in der Stadtmauer der „Vier-Tore-Stadt" Neubrandenburg zu bewundern.

Auch an der Ostseeküste und im Hinterland gibt es viel zu entdecken: Steilklippen, Fischerkaten und Windmühlen.

Das Wahrzeichen von Rügen sind die mächtigen Kreidefelsen, die sich leuchtend weiß vom blauen Meer abheben. Der bekannteste Felsvorsprung ist über 100 m hoch und heißt Königsstuhl. Von dort hat man eine tolle Aussicht!

Auf der Halbinsel Darß gibt es schöne reetgedeckte Häuser, Fischerkaten genannt, mit bunt bemalten Türen.

Viele Windmühlen, in denen früher der Müller Korn gemahlen hat, beherbergen heute Museen oder Galerien.

ENTDECKEN UND ERLEBEN

Bei Regen locken Museen, im Sommer Stadtfeste und im Frühjahr und Herbst die Boddengewässer, ein bevorzugter Rastplatz von Kranichen.

Das Deutsche Meeresmuseum in Stralsund zeigt nicht nur ein Walskelett, sondern auch lebende Meerestiere.

Die Stadt Wismar gehörte einmal zu Schweden und daher feiert man hier alljährlich das Schwedenfest.

Ein besonderes Erlebnis ist die Beobachtung von Kranichen! Im Frühling und im Herbst rasten tausende Zugvögel im geschützten hinteren Küstenland, an den so genannten Bodden, auf ihrem Weg nach Norden oder Süden.

Wie man sich früher fortbewegte, das kann man mit der Bäderbahn „Molli“ oder im Otto-Lilienthal-Museum erleben.

Die Schmalspurbahn „Molli“ schnauft mit Dampf und Gebimmel zwischen Bad Doberan und Kühlungsborn.

Im Otto-Lilienthal-Museum in Anklam kann man viel über den Menschheitstraum des Fliegens erfahren.

In Ivenack stehen über 1000-jährige, knorrige Eichen. Diese Baumriesen sind die ältesten Eichen Deutschlands.

Auf dem lustigen Teterower Hechtfest wird die Sage vom Hecht und der Torheit der Stadtbewohner aufgeführt.

ARBEIT UND WIRTSCHAFT

In Mecklenburg-Vorpommern arbeiten viele Menschen auf den Werften der Häfen, im Fremdenverkehr und in der Landwirtschaft.

In den Seehäfen von Wismar, Stralsund, Rostock und Greifswald werden nicht nur Güter in alle Welt verschifft. Auf den Werften werden viele Schiffe gebaut und repariert, wie zum Beispiel luxuriöse Kreuzfahrtschiffe in Wismar.

Schmuck aus Bernstein, dem „Gold des Meeres", ist ein beliebtes Andenken. Von Hand gemachte Tassen und Krüge bieten Töpfer in Schwerin an.

Auf den Feldern werden hauptsächlich Getreide, Kartoffeln, Rüben und Mais angebaut.

ESSEN UND TRINKEN

In Mecklenburg-Vorpommern isst man gern Fisch. Zu den regionalen Spezialitäten gehören Produkte aus dem vitaminreichen Sanddorn.

Sanddornbeeren wachsen an Sträuchern der küstennahen Dünen. Sanddornsaft und -honig sind sehr gesund!

Bei den Tüftentagen auf der Insel Usedom geht es um eine bekannte, runde Knolle: die „Tüfte“ oder Kartoffel!

In den Seen und an der Küste wird Fisch wie Aal, Hecht, Zander und Barsch gefangen. Um den Fisch haltbar zu machen, wird er beispielsweise geräuchert. Mit einer Scheibe Brot schmeckt der duftende Räucherfisch lecker!

NIEDER-SACHSEN

Grüne Wiesen mit schwarz-weißen Kühen, riesige Felder und weites Land – das verbinden viele Menschen mit Niedersachsen. Dabei kann man im Harz auch Bergsteigen und Skifahren. Für Reiter und Pferdezüchter ist Niedersachsen die erste Adresse.

Brotbacken im alten Steinofen, Färben, Melken und Buttern – dies und vieles mehr dürfen Kinder im Freilichtmuseum in Cloppenburg ausprobieren. Dort kann man hautnah erfahren, wie die Menschen in früheren Zeiten gelebt haben.

Im Künstlerdorf Worpswede leben und arbeiten viele Maler, Bildhauer, Keramiker und Schriftsteller.

Norderney ist eine der sieben Ostfriesischen Inseln in der Nordsee, die zu Niedersachsen gehören. Der lange Sandstrand und die frische Seeluft locken jedes Jahr viele Urlauber an.

Freiherr von Münchhausen, auch als Lügenbaron bekannt, wurde in Bodenwerder geboren. Ein Brunnen erinnert an seine wilden Lügengeschichten.

Bad Pyrmont ist ein bekanntes Heilbad. Der Kurpark lädt mit seinen Springbrunnen, großen Palmen und Blumen zum Spazieren und Träumen ein.

WICHTIGE SEHENSWÜRDIGKEITEN

In der Landeshauptstadt Hannover lohnt ein Besuch in den wunderschönen Herrenhäuser Gärten, die auch einen kleinen Irrgarten haben.

Anziehungspunkte sind der Große Garten mit kunstvoll angelegten Hecken, Wegen und Wasserspielen, das Regenwaldhaus und das Wilhelm-Busch-Museum. Der Autor und Zeichner von „Max und Moritz“ wurde bei Hannover geboren.

Nördlich von Hannover liegt der Naturschutzpark Lüneburger Heide. Im Spätsommer blüht das Heidekraut leuchtend violett. Dort begegnet man Schäfern und ihren weidenden Heidschnucken, eine besondere Schafrasse.

Im Schiffshebewerk Scharnebeck werden Schiffe 38 m hoch gehoben, damit sie vom Elbe-Seitenkanal auf den Mittellandkanal gelangen.

Die Schiffe werden in zwei riesigen Wassertrögen transportiert – die „Fahrstuhlfahrt“ zwischen den Kanälen dauert ungefähr 15 Minuten. Das kann man als Besucher nicht nur beobachten, sondern auch auf einer Besichtigungsfahrt miterleben!

Als „Hans-guck-in-die-Luft“ kann man in der Michaeliskirche in Hildesheim eine bemalte Holzdecke bewundern.

Im Mittelalter machten die umherreisenden Kaiser gerne Station in der Kaiserpfalz von Goslar.

ENTDECKEN UND ERLEBEN

Niedersachsen hat viele Ausflugsziele zu bieten, für die sich Kinder und Eltern gleichermaßen begeistern können.

Kaum vorstellbar, aber wahr: In der Nähe vom Steinhuder Meer fand man Jahrmillionen alte Fußabdrücke von Dinosauriern. Diese Fährten sowie lebensgroße Modelle der Urzeittiere zeigt der Dinosaurierpark Münchehagen bei Hannover.

Im Vogelpark Walsrode sind Vögel aus aller Welt zu Hause. Die zutraulichen Papageien darf man sogar füttern.

Keine Angst vorm Teufelsmoor! Auf einer gemütlichen Kahnfahrt kann man die Moorlandschaft bei Bremen erkunden.

Geschichts- und Tierfreunde kommen im Teutoburger Wald, im Weserbergland oder an der Nordsee auf ihre Kosten.

Im Museum und Park Kalkriese im Osnabrücker Land ist man den Römern und Germanen auf der Spur.

In Hameln wird im Sommer die bekannte deutsche Sage vom Rattenfänger als Freilichtspiel aufgeführt.

Wenn beim Duhner Wattrennen vor Cuxhaven Pferde samt Reiter in Sulky-Wagen um die Wette laufen, spritzen Wasser und Schlick hoch auf. Ruhiger geht es im Otterzentrum Hankensbüttel zu, wo man die scheuen Tiere beobachten kann.

ARBEIT UND WIRTSCHAFT

So abwechslungsreich wie Niedersachsens Landschaften sind, so vielfältig ist auch das Wirtschaftsleben des Landes.

Der Autohersteller Volkswagen hat in Wolfsburg sein Hauptwerk. Die Autostadt lädt zu einem Besuch ein.

Die CeBIT ist die weltweit größte Computer-Messe, zu der Besucher aus der ganzen Welt nach Hannover kommen.

Der Schiffbau ist ein wichtiger Industriezweig an der Küste. Namhafte Werften haben hier ihren Sitz.

Neben Fischfang und Tierhaltung spielt der Anbau von Getreide und Gemüse in Niedersachsen eine bedeutende Rolle.

ESSEN UND TRINKEN

In Niedersachsen isst man gern deftige Gerichte wie Grünkohl mit Pinkel oder Heidschnuckenkeule. Eine Leckerei ist die Welfenspeise.

Diese weiß-gelbe Süßspeise erinnert an die Familienfarben der Welfen. Dieses alte Fürstengeschlecht, das früher im Gebiet von Niedersachsen herrschte, hat dort seine Spuren hinterlassen.

Das Dessert besteht aus einer weißen und gelben Krem und wird aus Milch, Eiern, Zucker, Vanille und Zitrone gemacht. Für Kinder gibt es zu der Vanillekrem Apfel- statt Weinschaum.

Grünkohl mit Pinkel heißt das traditionelle Gericht mit dem lustigen Namen. Pinkel sind geräucherte Grützwürste.

Zu geschmorter Heidschnuckenkeule aus der Pfanne passen gut grüne Bohnen und Kartoffeln.

BREMEN

Das kleinste Bundesland besteht aus Bremen und Bremerhaven. Zwischen den beiden Weserstädten liegt niedersächsisches Gebiet. Da Hamburg sich als das Tor zur Welt bezeichnet, weisen die Bremer gern auf den Schlüssel in ihrem Wappen und sagen: Bremen ist der Schlüssel zur Welt!

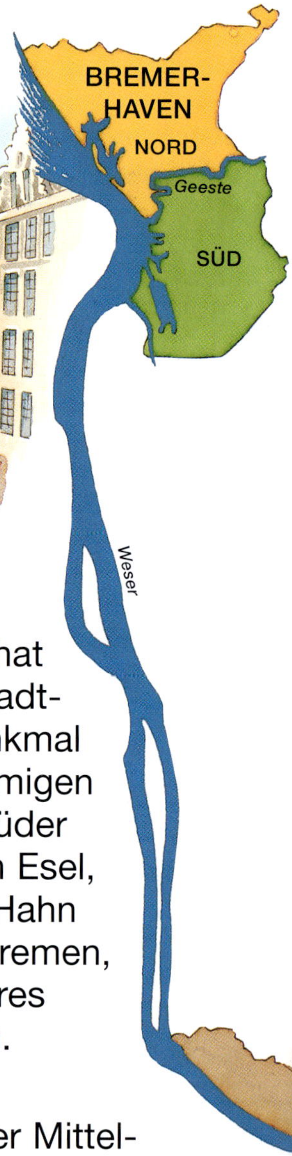

Auf dem Marktplatz hat man den Bremer Stadtmusikanten ein Denkmal gesetzt. Im gleichnamigen Märchen der Gebrüder Grimm machen sich Esel, Hund, Katze und Hahn auf den Weg nach Bremen, wo sie ein besseres Leben erhoffen.

① Rathaus
② St.-Petri-Dom
③ Bürgerschaft
④ Roland

Der Marktplatz ist der Mittelpunkt der Hansestadt Bremen. Hier befinden sich viele Sehenswürdigkeiten wie zum Beispiel das Rathaus und der Dom mit seinen hohen Zwillingstürmen. Die Bürgerschaft ist das Landesparlament des Stadtstaates Bremen.

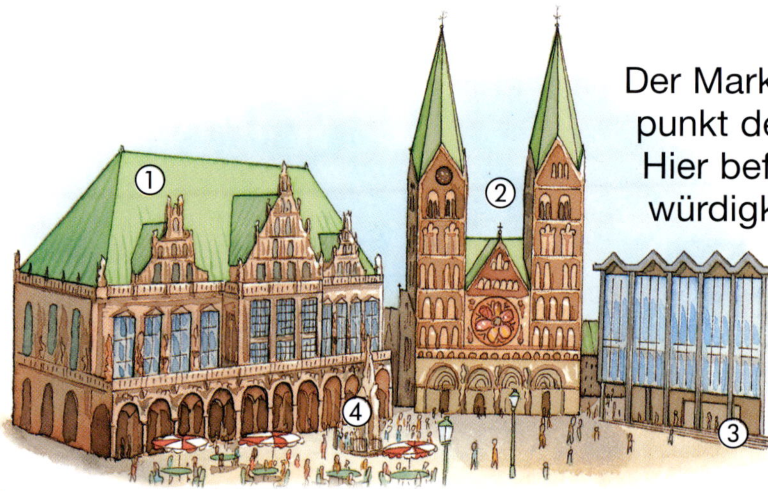

Bremerhaven, wo die Weser in die Nordsee mündet, hat einen großen Hafen, der nicht nur für die Fischerei von großer Bedeutung ist. Hier werden täglich auch tausende Container verladen und Autos verschifft. Im Hafen des Deutschen Schiffahrtsmuseums sind tolle Schiffe wie der Dreimaster „Seute Deern“ zu besichtigen oder die „Grönland“, mit der die erste deutsche Polarexpedition unternommen wurde.

Dieses Wahrzeichen Bremens kann man nicht übersehen! Die große Statue vor dem Rathaus zeigt einen stolzen Ritter mit Schwert: den Roland. Er steht für die Eigenständigkeit und die Freiheit von Städten.

WICHTIGE SEHENSWÜRDIGKEITEN

Verwinkelte Gassen und gemütliche Cafés: Besonders gern bummelt man durch die Böttcherstraße und den Schnoor, das älteste Viertel Bremens.

Über dem Eingangstor zur Böttcherstraße glänzt das vergoldete Relief „Der Lichtbringer". Es zeigt den Erzengel Gabriel, der mit dem Drachen kämpft. Der Sieben-Faulen-Brunnen erzählt die Geschichte von sieben faulen Brüdern.

Im Schnoorviertel (Schnoor = Schnur) sind kleine Häuser wie Perlen auf einer Schnur aneinander gereiht.

Die alte Windmühle steht auf den Anhöhen der Wallanlagen. Das ist die frühere Stadtbefestigung von Bremen.

In Bremerhaven gingen in der Zeit von 1832 bis 1974 rund 7 Millionen Europäer an Bord, um in die Neue Welt, nach Amerika, auszuwandern.

Das Denkmal erinnert an die großen Auswanderungswellen. An der Columbus-Kaje („Kaje“ ist das norddeutsche Wort für „Kai“) versammelten sich Männer, Frauen und Kinder und warteten auf das Schiff, das sie nach Amerika bringen sollte.

Vom Kreuzfahrtterminal Columbus Cruise Center legen heute Luxusschiffe mit Zielen in aller Welt ab.

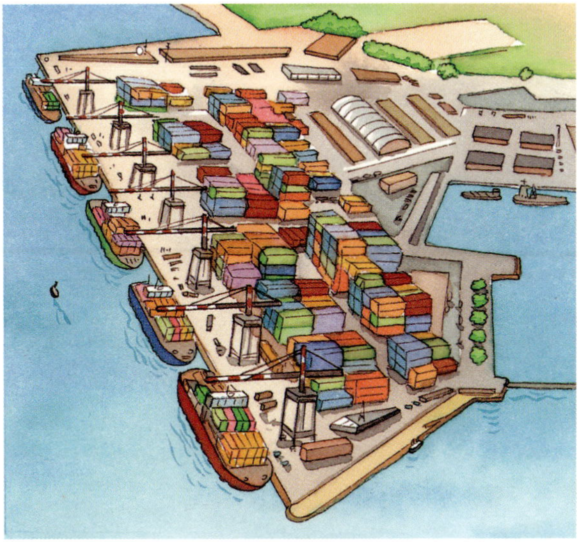

Der Kai des Containerhafens ist der längste der Welt! Mit Portalkränen werden die Schiffe be- und entladen.

ENTDECKEN UND ERLEBEN

Jedes Jahr am 6. Januar halten die Bremer an einem alten Brauch fest und feiern die Eiswette: Ist die Weser zugefroren oder nicht?

Ein Schneider mit glühendem Bügeleisen soll prüfen, ob die Eisschicht trägt. Er darf nicht mehr als 99 Pfund wiegen …

Im Bremer Überseemuseum kann man ferne Länder erkunden und sehen, wie die Menschen in der Südsee leben.

Warum schillern Seifenblasen in bunten Farben? Im Universum® Science Center in Bremen erfährt man spannende Dinge rund um Wissenschaft und Technik und darf vieles ausprobieren. Von außen erinnert das Gebäude an einen Wal oder eine Muschel.

ARBEIT UND WIRTSCHAFT / ESSEN UND TRINKEN

Bremen lebt von verschiedenen Industriezweigen und dem Hafen, wo Waren aus aller Welt umgeschlagen werden.

Bremer Raumfahrt-Spezialisten arbeiten an der Entwicklung von Trägerraketen und Satelliten.

Hier wird Kaffee ausgeladen. Die Einfuhr von Kaffee und seine Weiterverarbeitung hat in Bremen eine lange Tradition.

Beim Schaffermahl im Bremer Rathaus speisen Kapitäne, Reeder und Kaufleute miteinander. Es gibt Kartoffeln, Stockfisch, Braunkohl ... und kräftiges Seefahrtsbier aus Silberhumpen. Nach dem festlichen Essen raucht man Tabak aus Tonpfeifen.

SACHSEN-ANHALT

Der Brocken im Harz ist mit über 1100 m der höchste Berg Norddeutschlands. Wie dieser sagenumwobene Berg ist auch das Land reich an Geschichte und Geschichten. Überall zeugen Fachwerkhäuser, Burgen, Kirchen und Klöster von vergangenen Zeiten.

Die beiden Türme des Magdeburger Doms kann man schon von weitem bei einer Paddeltour auf der Elbe erkennen.

Vor mehr als 500 Jahren wurde Martin Luther in Eisleben geboren. Aus Protest gegen Missstände in der Kirche verfasste Luther 95 Thesen, die er an die Tür der Schlosskirche zu Wittenberg angeschlagen haben soll. Seine Reformideen führten zur Spaltung der christlichen Gemeinschaft in Katholiken und Protestanten. Diese Kirchentür ist heute eine Touristenattraktion.

Quedlinburg ist eine malerische Stadt mit mehr als 1200 Fachwerkhäusern. Etwas Besonderes ist ein abendlicher Stadtrundgang mit einem Nachtwächter, der die Besucher durch die Gässchen der verwinkelten Altstadt führt.

WICHTIGE SEHENSWÜRDIGKEITEN

Jahrhundertealte Gebäude und Parks versetzen Besucher in die Zeiten zurück, als es in Deutschland noch Könige und Fürsten gab.

Markgraf Ekkehard II. und seine Frau Uta sind als lebensgroße Stifterfiguren im Naumburger Dom verewigt.

Wenn man vor dem Rathaus steht, wird schnell klar, warum Wernigerode die bunte Stadt am Harz genannt wird.

Die Künstler der Bauhaus-Schule in Dessau entwarfen in den 1920er-Jahren neuartige Häuser, Möbel und Stoffe.

Bei einer Bootstour kann man den kunstvoll angelegten Wörlitzer Park erkunden und viele Brücken entdecken.

Im Harz kann man wandern, radeln und im Winter Ski laufen. Auf den Brocken gelangt man bequem mit der schnaufenden Brockenbahn.

Jedes Jahr wird in der Nacht vom 30. April zum 1. Mai auf dem Brocken, auch Blocksberg genannt, die traditionelle Walpurgisnacht gefeiert. Der Sage nach tanzen Hexen im Kreis ums Feuer, um sich mit dem Teufel zu vermählen.

Die Himmelsscheibe von Nebra aus Bronze und Gold halten die Forscher für die älteste Darstellung der Gestirne.

Die Rappbode-Talsperre ist die größte Harzer Talsperre. Das gestaute Wasser dient der Trinkwasserversorgung.

ENTDECKEN UND ERLEBEN

Startklar für eine Reise in die Vergangenheit? Museen, Burgen, Höhlen und Maschinenriesen halten spannende Geschichten bereit.

Beim Schausieden im Salinemuseum in Halle an der Saale wird gezeigt, wie früher Salz gewonnen wurde.

Ob als Ritter oder Edelfräulein – Kinder können in mittelalterlichen Kostümen das Schloss Neuenburg erkunden.

Bizarre Tropfsteinwelten bezaubern die Besucher der Hermanns- und der Baumannshöhle im Harzer Rübeland.

Im Freilichtmuseum Ferropolis, der „Stadt aus Eisen“, erinnern riesige Bagger an den Abbau von Braunkohle.

ARBEIT UND WIRTSCHAFT / ESSEN UND TRINKEN

In Sachsen-Anhalt gibt es nicht nur Industrie. In der Magdeburger Börde werden Weizen und Rüben, im Süden des Landes Wein angebaut.

Die mitteldeutsche Region Halle – Bitterfeld – Merseburg ist von der Chemie- und Erdölindustrie geprägt.

Die reifen Weintrauben an den Hängen des Saale-Unstrut-Gebiets werden gern zu Sekt verarbeitet.

① Salzwedeler Baumkuchen hat „Jahresringe“ wie ein Baumstamm. ② Zu Ehren Martin Luthers werden im Oktober Reformationsbrötchen in Form seines Wappens gebacken. ③ Hallorenkugeln bestehen aus Sahne und Schokolade.

BRANDENBURG

Brandenburg ist ein wald- und seenreiches Bundesland. Die Landeshauptstadt heißt Potsdam. Berühmt ist das Schloss Sanssouci mit seinem prächtigen Park. Hier weilte einst der Preußenkönig Friedrich II. Berlin liegt wie eine Insel in Brandenburg, ist jedoch ein eigenständiges Bundesland.

Die Mark Brandenburg, wie das Land zwischen Elbe und Oder mitunter genannt wird, ist ein richtiges Wasserparadies: Auf den Flüssen, Kanälen und Nebenarmen der Havel und der Spree sowie den umliegenden Seen kann man rudern, paddeln, segeln und angeln.

Die sandigen Böden mit den hohen Kiefernwäldern trugen Brandenburg den Spitznamen „Streusandbüchse“ ein.

In der Niederlausitz, im Süden Brandenburgs, lebt ein Teil des sorbischen Volkes. Die Ortsschilder sind hier auf Deutsch und Sorbisch beschriftet. Im zweisprachigen Gebiet des Spreewalds kann man an besonderen Fest- und Feiertagen die aufwändigen sorbischen Trachten bewundern. Die kunstvoll aufgesteckten Hauben sind besonders sehenswert!

Kaum ein Hausdach ohne Nest: In Rühstädt, einem Dorf im Nordwesten Brandenburgs, fühlen sich Störche offenbar besonders wohl, bauen Nester und brüten ihre Eier aus.

WICHTIGE SEHENSWÜRDIGKEITEN

Der „Alte Fritz“, wie der preußische König Friedrich II. genannt wurde, ließ Mitte des 18. Jahrhunderts dieses Sommerschloss erbauen.

Sans souci, der französische Name des berühmten Potsdamer Schlosses, bedeutet *ohne Sorge*. Auf Spaziergängen im weitläufigen Schlossgarten – vorbei an Pavillons, Skulpturen und kleineren Palästen – findet man noch heute Ruhe und Erholung.

Weitere Königsschlösser, Ziergärten und Parks laden zu einem Besuch ein. Wege besonderer Art gibt es im Spreewald: Wasserstraßen!

Bevor Friedrich II. nach Sanssouci zog, bewohnte er das Schloss Rheinsberg, das ihm sein Vater geschenkt hatte.

Ein Gartenkunstwerk schuf Fürst Pückler-Muskau. Im Schlosspark Branitz in Cottbus stehen sogar Pyramiden!

Ausflügler gondeln in Kähnen durch die unzähligen Kanäle der Spreewälder Flusslandschaft. Mit etwas Glück sieht man sorbische Bauern, die ihre Ernte auf flachen Holzkähnen durch dieses Wasserlabyrinth steuern. Mit dem Holzrudel, einer langen Stakstange, wird der Kahn vorwärts bewegt.

ENTDECKEN UND ERLEBEN

Ob Sportler, neugieriger Fernsehzuschauer, Technikfan oder Reimliebhaber: Brandenburg hat für jeden etwas zu bieten.

Inlineskaten kann man auf der Flaeming-Skate®, einer 175 km langen, verkehrsfreien Strecke südlich von Berlin.

Das Sandmannstudio des Filmparks Babelsberg zeigt, wie der Gute-Nacht-Gruß gedreht wird – per Puppentrick!

Eine Besichtigung des Schiffshebewerks Niederfinow am Oder-Havel-Kanal begeistert besonders Technikliebhaber.

In dem Dorf Ribbeck im Havelland erinnert ein Birnbaum an das Gedicht des Schriftstellers Theodor Fontane.

Der Spreewald, wo die Böden sehr fruchtbar sind, eignet sich hervorragend für den Gemüseanbau.

Besonders bekannt sind die Spreewälder Gurken. Sie werden in kleinen Familienbetrieben oder großen Firmen mit Kräutern, Zwiebeln und Gewürzen in Essig eingelegt und in Gläser abgefüllt. Die Rezepte sind geheim!

Preußenkönig Friedrich II. förderte den Kartoffelanbau in Brandenburg. Seitdem ist die runde Knolle als Grundnahrungsmittel nicht mehr wegzudenken. Früher galten Kartoffeln als Armeleuteessen. Heute heißt es: „Was macht den Spreewälder stark? Pellkartoffeln, Leinöl und Quark!“

NORDRHEIN-WESTFALEN

NRW ist das bevölkerungsreichste Bundesland. Im Ruhrgebiet liegen mehrere große Städte dicht beieinander. Schöne Wanderwege und Talsperren gibt es im Siegerland, Sauerland und Bergischen Land. Das flache Münsterland kann man prima mit dem Fahrrad erkunden.

Der Rursee liegt in der Eifel und lädt zum Segeln, Baden und Wandern ein.

Düsseldorf ist die Landeshauptstadt von Nordrhein-Westfalen. Zu einem Stadtbummel gehört das Flanieren auf der Königsallee, kurz „Kö“, einer schicken Einkaufsstraße.

Wo die Ruhr in den Rhein mündet, liegt Duisburg-Ruhrort, der größte Binnenhafen Europas.

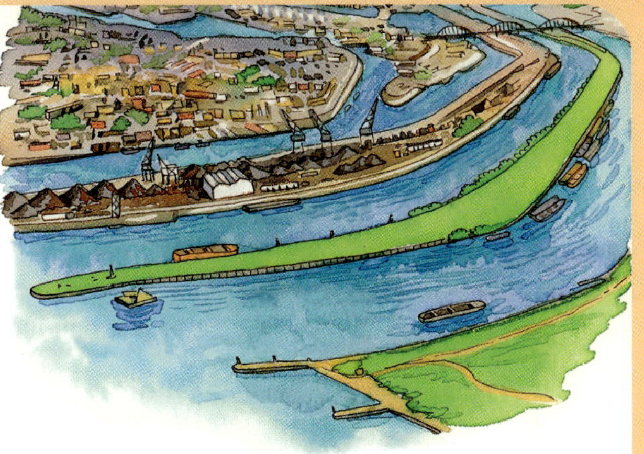

Hier werden Stahl und andere Güter umgeschlagen. Über den Rhein hat Duisburg Anschluss an die großen Nordseehäfen Antwerpen in Belgien und Rotterdam in den Niederlanden.

Köln, die Millionenstadt am Rhein, zieht viele Touristen an. Ganzer Stolz der Stadt ist der im gotischen Baustil errichtete Dom. Sein Bau begann 1248 und wurde erst 1880 vollendet. Kaiser Friedrich Barbarossa hatte die Gebeine der Heiligen Drei Könige dem Kölner Erzbischof geschenkt. Sie werden im Dreikönigenschrein aufbewahrt, der im Dom zu besichtigen ist.

WICHTIGE SEHENSWÜRDIGKEITEN

Im Aachener Dom liegt Karl der Große begraben. Der Herrscher des Frankenreichs wurde im Jahr 800 vom Papst in Rom zum Kaiser gekrönt.

Die Pfalzkapelle ist der älteste Teil des Doms und Grabstätte Karls des Großen. Im Aachener Dom wurden über 30 deutsche Könige gekrönt. Den Thron kann man heute noch bewundern. Der vergoldete Karlsschrein zeigt ein Relief des Kaisers.

Auf der Wasserburg Hülshoff im Münsterland kann man – in Filzpantoffeln! – mehrere Wohnräume besichtigen.

Das Rathaus ist eines der Giebelhäuser am Prinzipalmarkt in Münster. Es hat eine besonders prächtige Fassade.

Der Drachenfels bei Königswinter am Rhein ist der bekannteste Berg des Siebengebirges. Von weitem sichtbar: die Ruine der Burg Drachenfels.

Der Sage nach soll auf dem Drachenfels ein Drache gelebt haben, der Menschen verspeiste. Heute kann man von dort oben unbesorgt die Aussicht auf den Rhein genießen. Hinauf kommt man zu Fuß, mit dem Esel oder mit der Zahnradbahn.

Der Flügel des weltberühmten Komponisten Ludwig van Beethoven ist in seinem Geburtshaus in Bonn ausgestellt.

Durch Wuppertal kann man schweben! Die einzigartige Schwebebahn ist ein praktisches und sicheres Verkehrsmittel.

ENTDECKEN UND ERLEBEN

Viele Kohlebergwerke und Eisenhütten im Ruhrgebiet wurden geschlossen. Jetzt dienen einige als Museen oder sogar Freizeitparks!

In der Zeche Zollverein in Essen wurde früher Steinkohle gefördert. Heute finden dort kulturelle Veranstaltungen statt: Tanz, Musik und vieles mehr.

Bis 1985 glühten hier die Hochöfen. Heute ist das Hüttenwerk Thyssen ein Erlebnispark: der Landschaftspark Duisburg-Nord.

Die Arbeit im Kohlebergwerk war hart und beschwerlich. Im Bergbau-Museum in Bochum kann man die Welt unter Tage erkunden.

Aus den Erzbunkern des Stahlwerks wurden im Landschaftspark Kletterwände für Kinder und Erwachsene.

„Alaaf!“ oder „Helau!“ ruft man in der so genannten fünften Jahreszeit in den Karnevalshochburgen am Rhein.

Wer feiert gern Karneval? Die Rosenmontagszüge in Köln, Düsseldorf und anderen Städten sind der Höhepunkt des närrischen Treibens im Rheinland.

Die Atta-Höhle bei Attendorn im Sauerland gilt als Königin der Tropfsteinhöhlen. Bei einem Besuch taucht man in eine Märchenwelt ein.

Bei Dülmen im Münsterland gibt es noch Wildpferde! Beim Wildpferdefang am letzten Samstag im Mai werden die einjährigen Hengste von Hand eingefangen.

ARBEIT UND WIRTSCHAFT

Braunkohleabbau, Stahlindustrie, Landwirtschaft, aber auch moderne Technik und die Medien prägen das Erwerbsleben in Nordrhein-Westfalen.

Braunkohleabbau im Rheinland: Gigantische Schaufelradbagger fördern im Tagebau tonnenweise Kohle.

In den Stahlwerken wird aus Roheisen Stahl hergestellt. Spezielle Kleidung schützt die Arbeiter vor der extremen Hitze.

Solingen hat den Beinamen „Klingenstadt“, denn hier werden seit alters her Scheren und scharfe Messer hergestellt.

In Köln arbeiten viele Menschen im Medienbereich: beim Radio, Fernsehen, in Verlagen oder Werbeagenturen.

ESSEN UND TRINKEN

Ob Potthucke oder Rievkooche (Reibekuchen) – die Kartoffel wird in westfälischen und in rheinländischen Rezepten gern verwendet.

Potthucke („das, was im Topf hockt") heißt dieses deftige Kartoffelgericht mit Mettwurst aus dem Sauerland.

Pumpernickel ist der lustige Name für westfälisches dunkles Vollkornbrot aus Roggenschrot. Es ist lange haltbar.

Reibekuchen ① werden aus geriebenen Kartoffeln gemacht. Rheinischer Sauerbraten ② ist ein eingelegter Braten mit süßsaurer Soße. Wer in Köln einen „halven Hahn" ③ bestellt, bekommt ... kein halbes Hähnchen, sondern ein Roggenbrötchen mit Käse!

HESSEN

In Hessen gibt es viele Waldgebiete und schöne Wanderwege – zum Beispiel im Taunus oder im Odenwald. Frankfurt am Main ist die größte Stadt in Hessen und das Finanzzentrum Deutschlands. Hier haben viele Banken und die Deutsche Börse ihren Sitz.

Die Landeshauptstadt Wiesbaden gehört zu den ältesten Kurbädern Europas und ist berühmt für seine heißen Thermalquellen. Im 19. Jahrhundert zog es Adlige und Künstler aus dem In- und Ausland nach Wiesbaden. Aus dieser Zeit stammen solche Prachtbauten wie das Kurhaus mit der Spielbank.

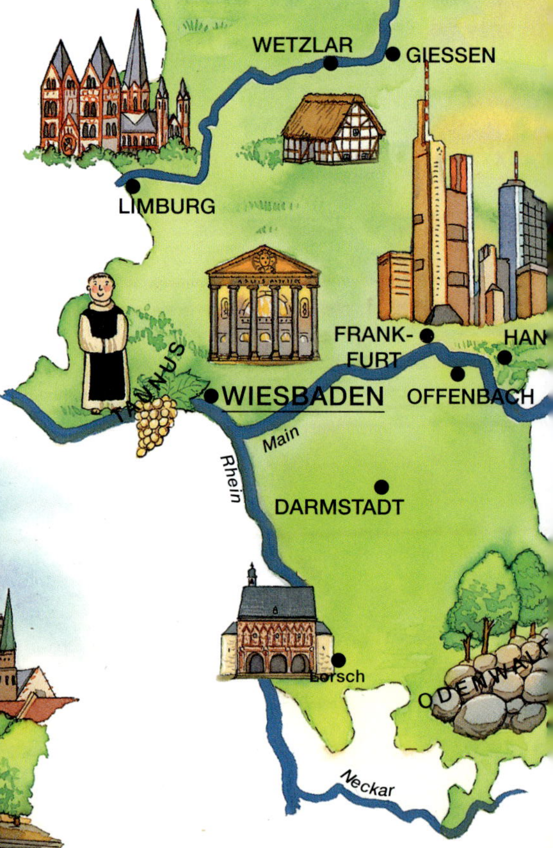

Frankfurt am Main hat den Spitznamen „Mainhattan“. Denn die Stadt liegt am Main und ihre vielen Hochhäuser im Bankenviertel erinnern an den New Yorker Stadtteil Manhattan.

Im Bergpark Wilhelmshöhe in Kassel steht auf einer Hügelkuppe eine mächtige Statue des griechischen Sagenhelden Herkules. Der Weg vom Herkulesdenkmal hinab führt an stufenförmigen Wasserfällen (Kaskaden) vorbei. Im Sommer finden zweimal in der Woche Wasserspiele statt.

In der Kunsthalle Fridericianum in Kassel wird alle fünf Jahre die documenta eröffnet. Das ist eine bekannte Ausstellung für moderne Kunst.

Die Wasserkuppe in der Rhön ist der höchste Berg in Hessen. Er ist vor allem bei Segel- und Gleitschirmfliegern beliebt.

Das Kunstwerk „Der Himmelsstürmer“ steht vor dem Kasseler Bahnhof.

WICHTIGE SEHENSWÜRDIGKEITEN

Frankfurt ist eine moderne Stadt, doch der bekannteste Platz ist der Römerberg in der Altstadt mit seinen historischen Giebelhäusern.

Der Römer ist das historische Rathaus von Frankfurt. Er wird heute unter anderem als Standesamt genutzt. In der Nähe steht der Gerechtigkeitsbrunnen mit der Justitia – die römische Göttin sieht zu, dass alles mit rechten Dingen zugeht.

In Frankfurt wurde der bekannteste deutsche Dichter geboren: Johann Wolfgang von Goethe. Im Goethehaus, seinem Geburtshaus, ist der Schreibtisch ausgestellt, an dem er seine ersten Werke verfasste.

Geschichte und Geschichten entdecken, das kann man in Klöstern, in mittelalterlichen Städten und entlang der Deutschen Märchenstraße.

Das Kloster Lorsch ist vor allem für sein steinernes Portal aus dem frühen Mittelalter bekannt.

Nähert man sich der Stadt Limburg an der Lahn, sieht man schon von weitem den prächtigen siebentürmigen Dom.

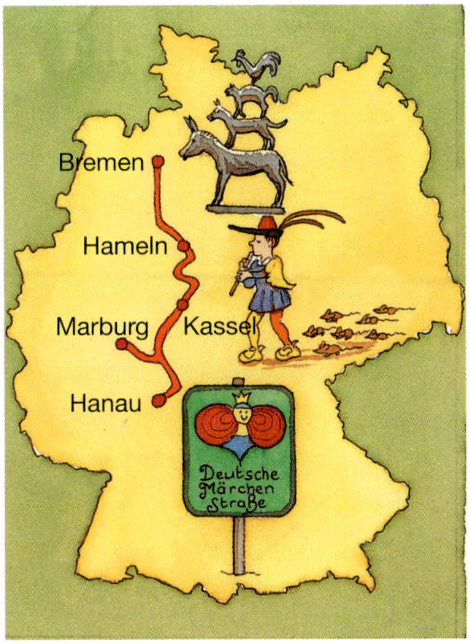

Vorhang auf für Schneewittchen! In Hanau, wo Jakob und Wilhelm Grimm geboren wurden, finden die Brüder-Grimm-Märchenfestspiele statt. Die Deutsche Märchenstraße führt durch Orte, in denen Sagen und Märchen zu Hause sind.

ENTDECKEN UND ERLEBEN

Hessen bietet vielerlei Ausflugsziele: Warum nicht einmal das Gemäuer eines Klosters besuchen? Oder lieber im Tierpark Wisente beobachten?

Wie das Leben als Zisterziensermönch war, erfährt man im Kloster Eberbach. Unbedingt besichtigen: den Weinkeller. In dem mit Kerzenlicht beleuchteten Gewölbe lagert Wein in großen Fässern. Für große Gruppen gibt es übrigens Kinderführungen.

Im Lautertal im Odenwald gibt es ein Felsenmeer, auf dem man herrlich herumklettern kann.

Der Tierpark Sababurg liegt am Fuß der Sababurg, die auch Dornröschenschloss genannt wird.

In Witzenhausen und Umgebung stehen jede Menge Kirschbäume. Witzenhausen wird deshalb auch Kirschenstadt genannt.

Auf der Kesperkirmes in Witzenhausen („Kesper“ ist hessisch für „Kirsche“) wird jedes Jahr im Juli eine Kirschenkönigin gewählt. Natürlich gibt es dann auch reichlich Kirschen zu essen. Das Beste aber ist der Wettbewerb im Kirschstein-Spucken!

Ein echtes Erlebnis ist auch der Besuch des Hessenparks in Neu-Anspach im Taunus. Dort kann man zum Beispiel einem Schmied oder einem Korbflechter bei der Arbeit zusehen und erfährt so, wie das Alltagsleben in vergangenen Zeiten war.

ARBEIT UND WIRTSCHAFT

Frankfurt am Main ist Finanzzentrum und außerdem als Messestadt bekannt. Im Herbst findet hier die weltweit größte Buchmesse statt.

An der Frankfurter Börse handeln Börsenmakler mit Wertpapieren. Der Computer ist dabei unverzichtbar.

Am Wochenende ist die Buchmesse für alle Leseratten geöffnet. Dann kann man in den neuen Büchern schmökern.

Der Frankfurter Flughafen ist der größte Deutschlands. Jeden Tag starten und landen hunderte von Flugzeugen. Sie transportieren Passagiere und Frachten. Auf dem Flughafen sorgen viele Menschen dafür, dass alles reibungslos funktioniert.

ESSEN UND TRINKEN

In Äbbelwoi-Stuben trinken Erwachsene Apfelwein, Kinder Apfelsaftschorle. Typisch hessisch sind auch Pellkartoffeln mit Grüner Soße.

Kerbel, Schnittlauch, Petersilie, Borretsch ... Wie viele Kräuter gehören in die Frankfurter Grüne Soße? Mindestens sieben oder neun? Da gibt es unterschiedliche Meinungen. Fest steht, dass die Grüne Soße gut zu Pellkartoffeln oder hart gekochten Eiern schmeckt und ein traditionelles Gründonnerstags-Essen ist.

Äbbelwoi wird aus „Gerippten“ getrunken – Bechergläsern mit Rautenmuster ① – und in Bembeln ② ausgeschenkt. Frankfurter Würstchen ③ sind weltweit bekannt. Handkäs mit Musik ④ ist ein Sauermilchkäse mit Zwiebeln, Kümmel, Essig und Öl.

THÜRINGEN

Thüringen liegt in der geografischen Mitte Deutschlands. Hier befindet sich das größte zusammenhängende Waldgebiet, der Thüringer Wald. Daher wird Thüringen gern als „grünes Herz Deutschlands“ bezeichnet. Rennsteig, Wartburg und Roster sind nur einige Stichworte zu Thüringen.

Der Rennsteig verläuft in etwa 500 bis 950 m Höhe auf dem Gebirgskamm des Thüringer Waldes. Auf diesem beliebten Höhenweg kann man schön wandern – man braucht nur dem weißen R als Wegmarkierung zu folgen.

In der Landeshauptstadt Erfurt führt die Krämerbrücke über den Fluss Gera. Das Besondere an ihr: Die Brücke ist mit 32 Fachwerkhäusern bebaut, die bewohnt sind!

Der Dichter Johann Wolfgang von Goethe lebte und arbeitete viele Jahre lang in Weimar. Die Zusammenarbeit mit dem jüngeren Friedrich Schiller schätzte er sehr. Das Goethe-Schiller-Denkmal vor dem Deutschen Nationaltheater erinnert an die beiden Dichterfreunde.

WICHTIGE SEHENSWÜRDIGKEITEN

„Wart' Berg, du sollst mir eine Burg werden!" soll vor fast 1000 Jahren Graf Ludwig der Springer, Gründer der Wartburg, gerufen haben.

Auf dem Rücken eines Esels können Kinder den steilen Weg zur Wartburg hinaufreiten. Dort erfahren sie, dass 1521 der Reformator Martin Luther in die Burg bei Eisenach gebracht wurde. Sie bot ihm Schutz vor seinen Verfolgern.

Unter dem Namen Junker Jörg hielt sich Luther zehn Monate lang auf der Wartburg versteckt. In dieser Zeit übersetzte er das Neue Testament vom Griechischen ins Deutsche. Eines Nachts soll Luther vom Teufel geweckt worden sein. Beherzt vertrieb er ihn durch einen Wurf mit dem Tintenfass.

Neben der berühmten Wartburg laden noch weitere Berge, Burgen und Denkmäler in Thüringen zu einer Entdeckungstour ein.

Zu Ehren des deutschen Kaisers Wilhelm I. wurde das Kyffhäuserdenkmal bei Bad Frankenhausen errichtet. Eng mit dem Berg und seinen Höhlen verbunden ist die Sage vom schlafenden Barbarossa – Kaiser Friedrich I. mit dem roten Bart.

In Bad Frankenhausen, am Fuße des Kyffhäusergebirges, lohnt der Besuch in einem außergewöhnlichen Kunstmuseum: In dem runden Museumsbau wird ein riesiges Panoramabild ausgestellt! Das Ölgemälde mit über 3000 Figuren hat den Bauernkrieg zum Thema.

ENTDECKEN UND ERLEBEN

Wer wissen will, wie Spielzeug oder Brillen früher aussahen oder woher der Gartenzwerg stammt, wird in Thüringens Museen fündig.

Im Optischen Museum in Jena dreht sich alles ums Sehen. Hier gibt es Fernrohre auch zum Anfassen.

Neben Puppen zeigt das Deutsche Spielzeugmuseum in Sonneberg auch Teddys aus Großmutters Zeiten.

Im Gräfenrodaer Gartenzwerg-Museum erfährt man viel über die Herstellung der Wichtel mit der roten Zipfelmütze.

Das Phänomania Erlebniszentrum in Suhl bietet über 150 Experimente an, darunter auch ein Astronautentraining.

Bei Sport und Spiel kann man sich zu jeder Jahreszeit im Thüringer Wald prima erholen. Ein bekanntes Sportzentrum ist Oberhof.

Bei der „Trans Thüringia“ treiben Gespannlenker ihre Schlittenhunde 400 km durch den verschneiten Thüringer Wald.

Wer nicht nur im Winter, sondern auch im Sommer rodeln möchte, saust auf der Rodelbahn am Inselsberg ins Tal.

Beim jährlich stattfindenden Rennsteiglauf, einem Marathon, starten auch Kinder zum Juniorcross über 1–9 km.

Die Technik des Goldwaschens mit einer Pfanne kann man in einem Kurs des Goldmuseums in Theuern erlernen.

ARBEIT UND WIRTSCHAFT

In Thüringen sind viele Menschen in der Automobilindustrie, in modernen Technologieunternehmen oder in Handwerksbetrieben beschäftigt.

Die Autostadt Eisenach ist ein bedeutender Standort des zweitgrößten deutschen Fahrzeugherstellers Opel.

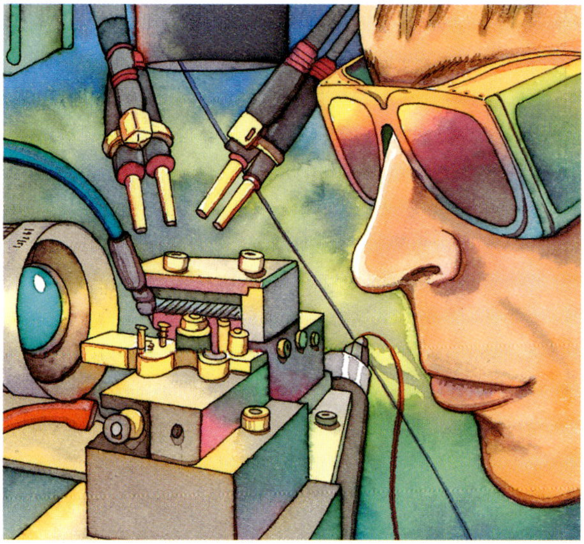

Jena ist seit Jahren führend in der Optik- und Glasindustrie. Die Firma Jenoptik stellt Präzisionsgeräte her.

Aus der Töpferstadt Bürgel stammt die typische blaue Bürgeler Keramik mit weißen Tupfen.

Der beliebte gläserne Christbaumschmuck und die Glasmurmeln wurden in der Glasbläserstadt Lauscha erfunden.

ESSEN UND TRINKEN

Zu den Leibgerichten vieler Thüringer gehören Roster und Thüringer Klöße. Letztere gibt es zum Sonntagsbraten mit Sauer- oder Rotkraut.

Thüringer Klöße, auch Hütes, Hüts oder Knölla genannt, schmecken am allerbesten frisch zubereitet. Mittels Küchenreibe und Kloßpresse wird eine Kartoffelmasse aus rohen, geriebenen und gekochten Kartoffeln hergestellt. Bevor die Klöße gekocht werden, formt man sie mit der Hand.

Thüringer Rostbratwürste, kurz Roster, sind extra lang und werden auf einem Grill knusprig braun gebraten.

Frisch gebackene Blechkuchen aller Art wie Zwetschgen- oder Schmandkuchen sind bei Groß und Klein beliebt.

SACHSEN

Im östlichsten Teil Deutschlands liegt der Freistaat Sachsen. Das Land ist reich an Kunst und Kultur, aber auch an Naturschönheiten: Durch die bizarre Felslandschaft des Elbsandsteingebirges, das oft auch als Sächsische Schweiz bezeichnet wird, hat sich die Elbe ihren Weg gebahnt.

Schon der Dichter Goethe nannte Leipzig „Klein-Paris“: Die fortschrittliche Stadt war dem Beispiel von Paris gefolgt und hatte bereits um 1700 die Straßenbeleuchtung eingeführt. Das Wahrzeichen der Messestadt ist ein Hochhaus, „steiler Zahn“ oder „Buch“ genannt, das alle Gebäude im Zentrum überragt.

Entlang der Elbe ragen bizarre Felsen meterhoch in den Himmel. Die Aussichten von den Gipfeln in die tiefen Täler und Schluchten des Elbsandsteingebirges sind atemberaubend und faszinieren sowohl Wanderer als auch Klettersportler.

Dresden liegt malerisch an der Elbe und ist ähnlich reich an Kunstschätzen wie Florenz in Italien. Daher wird die Stadt oft „Elbflorenz“ genannt. Auf einer Fahrt mit der Weißen Flotte, der ältesten Raddampferflotte der Welt, hat man einen tollen Blick auf Dresdens prächtige Bauwerke wie die Brühlsche Terrasse und die Frauenkirche.

Der Goldene Reiter: Das Reiterstandbild zeigt den sächsischen Kurfürsten Friedrich August den Starken.

WICHTIGE SEHENSWÜRDIGKEITEN

Die Landeshauptstadt Dresden zählt zu den schönsten Städten Deutschlands. Kostbare Kunst- und Kulturschätze sind hier zu bewundern.

Weltberühmte Bauwerke Dresdens sind die Semperoper und der Zwinger. In einem Teil dieses Prunkbaus, in der Gemäldegalerie Alte Meister, werden Kunstwerke von großartigen Malern wie Rubens, Rembrandt und Raffael ausgestellt.

Das Wahrzeichen Dresdens ist die Frauenkirche mit der glockenartigen Kuppel. Nach ihrer völligen Zerstörung im Zweiten Weltkrieg wurde die Kirche originalgetreu aus alten und neuen Steinen wieder aufgebaut. Heute erstrahlt der größte Sandsteinbau der Welt in neuem Glanz.

Nicht nur Kunst und Architektur sind in den beiden Städten Dresden und Leipzig zu Hause, sondern auch Musik und Literatur.

In Dresden wurde Erich Kästner geboren. Er schrieb so bekannte Kinderbücher wie *Das fliegende Klassenzimmer* und *Emil und die Detektive.* Ein Denkmal am Albertplatz, nahe seinem Elternhaus, erinnert an den Schriftsteller.

Im Dresdner Kreuz- und Leipziger Thomanerchor, zwei weltberühmten Knabenchören, singen Jungen im Alter von etwa 9 bis 19 Jahren. Der Komponist Johann Sebastian Bach war einst Thomaskantor, also Leiter des Thomanerchores.

ENTDECKEN UND ERLEBEN

Ob Oldtimer, neue Autos oder Seifenkisten – Fahrzeuge spielen seit jeher eine wichtige Rolle in Sachsen.

Bei einem Rundgang durch das August Horch Museum in Zwickau lernt man viel über die Geschichte des Automobilbaus.

Bei dem lustigen Seifenkistenrennen in Leipzig düsen die Teams mit ihren selbst gebauten Kisten um die Wette.

Traditionell hoch zu Ross ziehen katholische Sorben am Ostersonntag feierlich übers Land, um die Auferstehung Jesu Christi zu verkünden. Der Brauch des Osterreitens in der Oberlausitz bei Bautzen zieht viele Zuschauer an.

Das Erzgebirge im Süden Sachsens war früher eine Bergbauregion.
Heute ist es als Spielzeug- und Weihnachtsland bekannt.

In der Schauwerkstatt des Seiffener Spielzeugmuseums gerät man ins Staunen. Dort kann man Reifendrehern zusehen: Sie fertigen aus einer Holzscheibe einen geformten Holzring, aus dem dann kleine Holzfiguren und -tiere entstehen.

Zur Advents- und Weihnachtszeit erstrahlen Städte und Dörfer in festlichem Glanz: Räuchermännchen ①, handgedrechselte Nussknacker ②, leuchtende Schwibbögen ③, Weihnachtspyramiden und -engel schmücken Fenster und Stuben.

ARBEIT UND WIRTSCHAFT

Traditionelles Handwerk und moderne Industrie, beides findet sich in Sachsen. Ballungsräume sind Leipzig, Chemnitz-Zwickau und Dresden.

Das Land mit der ersten deutschen Fernbahnstrecke zwischen Leipzig und Dresden weist heute die höchste Schienennetzdichte Deutschlands auf. Einen wichtigen Verkehrsknoten bildet Leipzig: Der Kopfbahnhof verfügt über 24 Gleise und ein großes Einkaufszentrum.

Zwei blaue, gekreuzte Schwerter sind das Markenzeichen für das weltbekannte, handbemalte Meissener Porzellan.

Im vogtländischen Musikwinkel, im äußersten Süden Sachsens, werden seit über 300 Jahren Instrumente gebaut.

ESSEN UND TRINKEN

In Sachsen hat Kaffeetrinken Tradition: Die „Kaffeesachsen“ mögen ihren Bohnenkaffee gern süß und stark. Und dazu ein Stück Kuchen!

Nur der Puderzucker fehlt noch auf dem Dresdner Christstollen, dem berühmten sächsischen Weihnachtsgebäck.

Pulsnitzer Pfefferkuchen sind stark gewürzte Lebkuchen (ohne Pfeffer), die in Pfefferküchlereien hergestellt werden.

Das Restaurant „Auerbachs Keller“ in Leipzig ist weltbekannt. Schon der Dichter Johann Wolfgang von Goethe hat hier seinen Wein getrunken und von der Sage des Dr. Faustus gehört, der mithilfe des Teufels auf einem Weinfass zur Tür hinausgeritten sein soll!

RHEINLAND-PFALZ

Romantische Burgen und steile Weinhänge an Rhein und Mosel prägen die Landschaft von Rheinland-Pfalz. Es gibt aber auch schöne Mittelgebirge wie den Pfälzer Wald. Viele Städte, darunter die Landeshauptstadt Mainz, wurden von den Römern gegründet.

Mainz, Worms und Speyer-was haben diese Städte gemeinsam? Sie liegen am Rhein und haben einen prächtigen Dom im romanischen Baustil. Der Dom zu Speyer ist der größte von ihnen. Hier liegen acht deutsche Kaiser und Könige begraben.

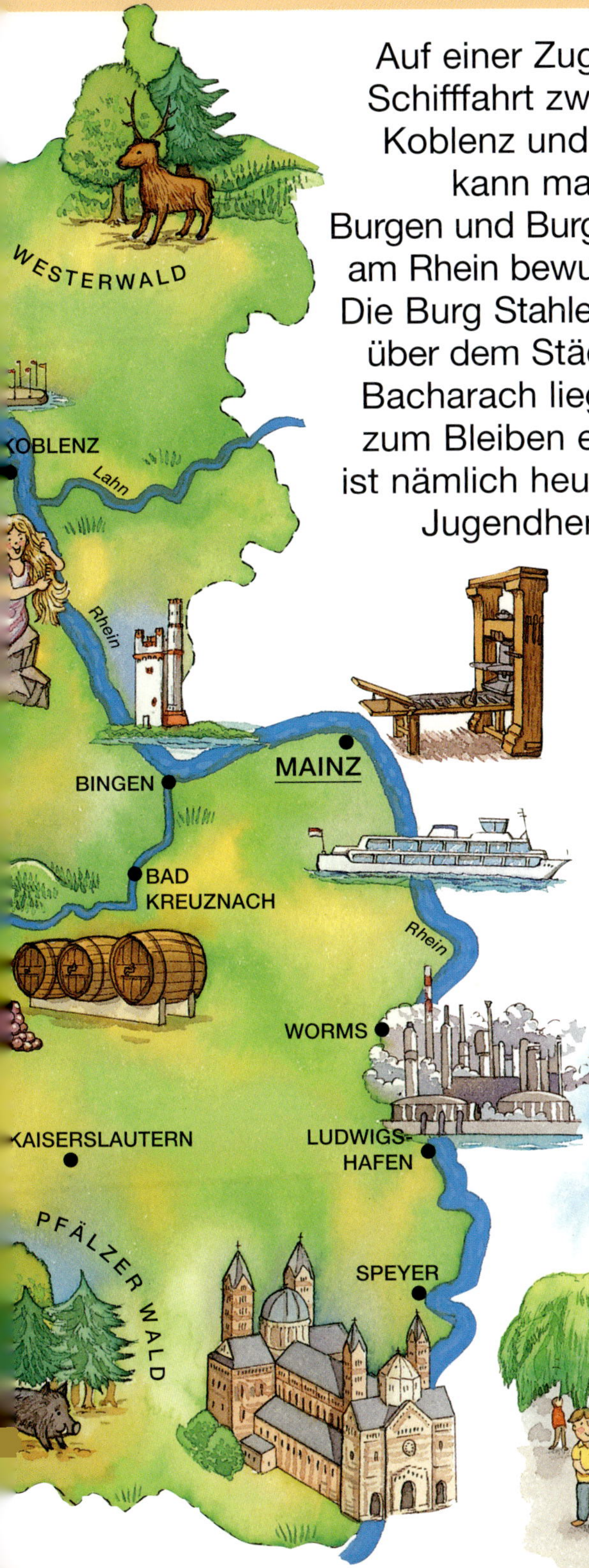

Auf einer Zug- oder Schifffahrt zwischen Koblenz und Mainz kann man viele Burgen und Burgruinen am Rhein bewundern. Die Burg Stahleck, die über dem Städtchen Bacharach liegt, lädt zum Bleiben ein: Sie ist nämlich heute eine Jugendherberge!

Die Porta Nigra, das ehemalige Stadttor, zeugt von der römischen Vergangenheit der Stadt Trier. Der Name „Porta Nigra“ ist lateinisch und bedeutet „Schwarzes Tor“. So nennt man das im Laufe der Zeit nachgedunkelte Sandsteintor seit dem Mittelalter.

WICHTIGE SEHENSWÜRDIGKEITEN

Wo die Mosel in den Rhein mündet, bauten die Römer im Jahr 9 v. Chr. eine Befestigungsanlage. Hier entstand die Stadt Koblenz.

Hier kann man sehen, wo die Mosel in den Rhein fließt. Die Landzunge zwischen den beiden Flüssen wird Deutsches Eck genannt. Einen guten Blick auf die „Flusskreuzung“ hat man hoch oben von der Festung Ehrenbreitstein.

Die Mainzer Kirche St. Stephan hat ganz besondere Fenster: Sie wurden von dem berühmten Maler Marc Chagall gestaltet. In wunderschönen Blautönen hat er Szenen und Figuren aus der Bibel gemalt – zum Beispiel Moses, der die Tafeln mit den Zehn Geboten in den Händen hält.

Um den Rhein ranken sich viele Geschichten und Sagen. Die Sage von der Loreley wurde durch ein Gedicht von Heinrich Heine weltberühmt.

Die Loreley ist ein markanter Felsen am Rhein. Man erzählt sich von einem schönen Mädchen, das auf dem Felsen saß. Es betörte die Schiffer mit seinem Gesang, sodass diese nicht auf die Strömung achteten und ihre Boote am Felsen zerschellten.

Auch vom Mäuseturm bei Bingen gibt es eine spannende Sage: Vor über 1000 Jahren soll der Mainzer Erzbischof Hatto II. in diesem Turm von Mäusen zur Strafe angefallen und totgebissen worden sein. Denn der böse Bischof hatte seine Landsleute hungern und sogar töten lassen.

ENTDECKEN UND ERLEBEN

Um 1400 wurde in Mainz Johannes Gutenberg geboren. Er gilt als der Erfinder des Buchdrucks mit beweglichen Lettern.

Gutenberg goss Lettern – also Buchstaben und Satzzeichen – aus Metall. Sie konnten immer wieder neu zusammengesetzt werden.

Die seitenverkehrten Lettern wurden zu einer Buchseite angeordnet, mit Farbe bestrichen und in der Druckerpresse auf Papier gepresst. Im Gutenberg-Museum in Mainz wird dieses Druckverfahren vorgeführt.

Im Gutenberg-Museum kann man sich auch die Gutenberg-Bibel ansehen – sie ist das Meisterwerk des Mainzer Druckers. 30 Exemplare wurden auf wertvollem Pergament gedruckt und weitere 150 auf Papier.

Dass ein Teil der Eifel vulkanischen Ursprungs ist, erkennt man heute noch an den Maaren – so heißen die meist kreisrunden Vulkantrichter.

In den Maaren erloschener Vulkane hat sich in vielen Jahren Grundwasser gesammelt: So bildeten sich die Maarseen. Im Eifel-Vulkanmuseum Daun kann man anhand eines Modells selbst einen Vulkanausbruch auslösen.

Für Motorsportfans ist der Nürburgring ein Muss. Beim Formel-1-Rennen „Großer Preis von Europa“ werden auf einer Distanz von 308 km Höchstgeschwindigkeiten von 321 km/h erreicht! Neben den Rennen bietet der Nürburgring Freizeitspaß rund um den Motorsport.

ARBEIT UND WIRTSCHAFT

Rheinland-Pfalz ist das bedeutendste Weinanbaugebiet Deutschlands. Auch die chemische Industrie spielt eine große Rolle.

Typisch für die Landschaft sind die zahlreichen Weinberge. Bei der Handlese werden rote und weiße Trauben von den Rebstöcken geschnitten und in Bütten (Körben) gesammelt. Aus den Trauben stellt man Wein, Sekt oder Traubensaft her. Zum Wohl!

Ein riesiges Gebäude: Die BASF, das größte Chemieunternehmen der Welt, hat in Ludwigshafen ihren Hauptsitz.

Mainz ist eine Medienstadt. Hier sind das Zweite Deutsche Fernsehen (ZDF) und die Mainzelmännchen zu Hause.

ESSEN UND TRINKEN

Nach einer Wanderung in den Weinbergen kehrt man gern in eine Straußwirtschaft ein. Diese Betriebe haben nur einige Monate im Jahr geöffnet.

In Straußwirtschaften bieten Winzer ihre selbst erzeugten Weine an. Mit dem Vogel Strauß hat die Straußwirtschaft übrigens nichts zu tun: Der Name kommt von dem Strauß Blumen, den man an die Tür hängt – als Zeichen dafür, dass geöffnet ist.

Beim Pfälzer Saumagen dient der Magen nur als Pelle. Die Füllung: Schweinefleisch, Eier, Möhren und Kartoffeln.

Aus Quellen in der Vulkaneifel wird Mineralwasser in Flaschen abgefüllt. Es löscht den Durst und ist gesund.

SAARLAND

Das Saarland wurde nach der Saar benannt, die quer durch das Land fließt. Es grenzt an Frankreich und Luxemburg. Aufgrund seiner Lage und der begehrten Erz- und Kohlevorkommen hat das Saarland eine wechselvolle Vergangenheit. Es gehört erst seit 1957 zur Bundesrepublik.

Die Saarschleife ist das Wahrzeichen des Saarlands. Der Fluss macht hier einen engen Bogen und nimmt in entgegengesetzter Richtung seinen Lauf. Vom Aussichtspunkt Cloef hat man die beste Sicht auf die Saarschleife.

Die Landeshauptstadt Saarbrücken liegt im Saartal an der deutsch-französischen Grenze. Bei einem Spaziergang durch die Altstadt kommt man an der imposanten Ludwigskirche vorbei. Diese zählt zu den bedeutendsten barocken Bauwerken Deutschlands. Wie die Dresdner Frauenkirche wurde sie im Zweiten Weltkrieg stark zerstört.

Durch das Saarland führt ein etwa 300 km langer Rundwanderweg. Auf Schusters Rappen kann man wunderbar das waldreiche Land kennen lernen. Sicher nicht alltäglich ist die Etappe zwischen St. Wendel und dem Bostalsee: Am Wegesrand stehen große ungewöhnliche Steinskulpturen.

WICHTIGE SEHENSWÜRDIGKEITEN

Das Saarland ist vor allem bekannt für seine Industriekultur, den französischen Einfluss und seine keltisch-römische Vergangenheit.

Die stillgelegten Anlagen der Völklinger Eisenhütte sind heute ein bedeutendes Industriedenkmal. Hier zeugen Hochöfen, Gebläsemaschinen, Kokereien und riesige Hallen davon, wie im letzten Jahrhundert Eisen und Stahl produziert wurden.

Vom Freizeitpark Gullivers Welt in Saarbrückens Deutsch-Französischem Garten geht ein besonderer Charme aus. 67 weltberühmte Bauten im Miniaturformat werden hier gezeigt – wie zum Beispiel das Atomium in Brüssel oder der Pariser Eiffelturm.

In den waldreichen Gegenden des Saarlands haben schon sehr früh Menschen gelebt. Kelten und Römer haben ihre Spuren hinterlassen!

Der Hunnenring bei Nonnweiler-Otzenhausen ist ein von Kelten erbauter Burgwall. Er liegt versteckt im Wald.

Ein Zeichen aus der Steinzeit ist der Gollenstein bei Blieskastel – mit über 6,5 m der größte Hinkelstein Europas.

Einen antiken Mosaikfußboden aus etwa drei Millionen Steinchen kann man in der römischen Villa in Nennig bestaunen.

Ausgrabungen im Freilichtmuseum in Homburg-Schwarzenacker zeigen, wie die Römer gelebt haben.

ENTDECKEN UND ERLEBEN

Ob Besucherbergwerke, Tierparks oder ausgedehnte Wander- und Radtouren – das Saarland bietet eine Menge Freizeitangebote.

Der Rischbachstollen in St. Ingbert ist ein ehemaliges Bergwerk, in das man wie ein Bergmann „einfahren“ kann.

Entlang des Planetenwanderwegs der Primstalsperre bei Nonnweiler lernt man viel über unser Sonnensystem.

An 24 Spielstationen des Walderlebnispfads am Litermont in Nalbach entdeckt man die Natur mit allen Sinnen.

In Merzig kann man im Wolfspark des Tierforschers Werner Freund Wölfe unter freiem Himmel beobachten.

ARBEIT UND WIRTSCHAFT / ESSEN UND TRINKEN

Bekannt ist das Saarland für seine Stahlindustrie. Daneben werden aber auch Keramik, Glas, Maschinen, Fahrzeuge und Reifen produziert.

Die Saarstahl AG und die Dillinger Hütte stellen Stahl, Roheisen, Bleche, Drähte und Schmiedeteile her.

Das Unternehmen Villeroy & Boch in Mettlach produziert edle Porzellan- und Keramikwaren für Bad und Küche.

① Lyoner, so nennt man die gebrühte Fleischwurst im Ring, wird gern mit Senf auf einem Brötchen gegessen.
② Hoorische sind längliche Klöße aus rohen Kartoffeln in Speckrahmsauce. Dazu gibt es Sauerkraut. Auch Dibbelabbes ist ein saarländisches Kartoffelgericht.

BADEN-WÜRTTEMBERG

Schwarzwald, Bodensee und Schwäbische Alb heißen die bekanntesten Landschaften Baden-Württembergs. Dort kann man schöne Ferien verbringen. Sehenswert sind auch die alten Universitätsstädte Tübingen, Heidelberg oder Freiburg im Breisgau.

Dunkle Tannen- und Fichtenwälder: Das ist der Schwarzwald. In dem Mittelgebirge kann man sich prima erholen, wandern und im Winter auch Ski fahren. Der Feldberg im Schwarzwald ist der höchste Berg des Bundeslandes.

Selbst in der Landeshauptstadt Stuttgart gibt es Naturwunder zu entdecken: Im Zoologisch-Botanischen Garten Wilhelma blühen die größten Seerosen der Welt. Auf ihren Blättern können sie ein Gewicht von bis zu 70 kg tragen!

Über Heidelberg thront majestätisch die Ruine des Schlosses. Von dort oben kann man den Ausblick auf die schöne Altstadt und auf den Neckar genießen. Über den Fluss führt die Alte Brücke. Auf der Stadtseite befindet sich das mittelalterliche Brückentor.

Der Bodensee wird wegen seiner Größe auch gern „Schwäbisches Meer“ genannt. Er gehört nicht nur zu Baden-Württemberg, sondern auch zu Bayern und den Nachbarländern Österreich und Schweiz. Hier kann man baden, eine Schiffstour machen, Wassersport treiben und um den See radeln.

WICHTIGE SEHENSWÜRDIGKEITEN

Neben dem Schwarzwald ist die Schwäbische Alb ein beliebtes Ferienziel. Die bekannteste Sehenswürdigkeit ist die Burg Hohenzollern.

Auf der Stammburg des Fürstengeschlechts der Hohenzollern gibt es viel zu entdecken. Die Schatzkammer beherbergt sogar die Schnupftabakdose Friedrichs des Großen: Sie rettete ihm in einer Schlacht das Leben, als eine Kugel in ihr stecken blieb.

Die Donau verschwindet und taucht wieder auf. Wie das? Zeitweilig versickert sie in unterirdischen Hohlräumen. In der Nähe von Beuren durchbricht sie dann die Schwäbische Alb. Das Flusstal ist durch steile, schroffe Kalkfelsen geprägt.

Enten aus Blumen? Wo gibt es denn so was? – Die Insel Mainau im Bodensee ist ein richtiges Gartenparadies und zu jeder Jahreszeit schön.

Die Insel Mainau wird auch Blumeninsel genannt. Hier blühen Narzissen, Hyazinthen, zahlreiche Rosensorten und sogar exotische Orchideen. Es gibt fantasievolle Blumenskulpturen, ein Schmetterlingshaus und vieles mehr zu besichtigen.

Im Kloster Maulbronn lebten einst Zisterziensermönche. Bekannt ist der dreischalige Brunnen im Brunnenhaus.

Das Ulmer Münster hat den höchsten Kirchturm der Welt. Von oben kann man die 120 km entfernten Alpen sehen.

ENTDECKEN UND ERLEBEN

Auf der Schwäbischen Alb darf man in einigen Steinbrüchen Fossilien suchen. Auch das Pfahlbaumuseum führt weit in die Vergangenheit.

Wo heute die Schwäbische Alb ist, war einst ein Meer. Davon zeugen versteinerte Muscheln und andere Fossilien.

Alles über Geschichte und Technik der Luftschifffahrt erfährt man im Zeppelin-Museum in Friedrichshafen.

Vor unvorstellbar langer Zeit, nämlich in der Stein- und Bronzezeit, bauten sich die Menschen in der Bodenseeregion Häuser auf Stelzen. Im Pfahlbaumuseum Unteruhldingen hat man solche Behausungen am Seeufer nachgebaut.

Im Schwarzwald stehen besonders prächtige Bauernhäuser. An Festtagen trägt man in manchen Regionen noch die schönen Trachten.

Der Vogtsbauernhof in Gutach und fünf andere Höfe bilden heute den Kern eines Freilichtmuseums. Das Gutachtal gilt als Heimat des Bollenhutes. Mädchen tragen ihn mit elf roten Bollen (Wollkugeln), verheiratete Frauen mit schwarzen.

Bei der schwäbisch-alemannischen Fastnacht geht es wild und ausgelassen zu. Beim Narrensprung – so werden die Umzüge genannt – treibt der Narr mit Schellenband und bunten Tüchern seine Späße. Typisch sind die aus Holz geschnitzten Masken.

ARBEIT UND WIRTSCHAFT

Baden-Württemberg ist das Zentrum der Automobilindustrie. Doch auch Landwirtschaft und Weinanbau sind wichtige Wirtschaftszweige.

Bekannte Weine kommen vom Kaiserstuhl, einem kleinen Gebirge nordwestlich von Freiburg. Das Weinanbaugebiet gehört zu den sonnigsten Gegenden in Deutschland. Hier gedeihen violette Burgundertrauben und viele andere Rebsorten besonders gut.

In Baden-Württemberg entwickelte und produzierte Automarken wie Mercedes-Benz oder Porsche kennt jeder!

High-Tech-Land Baden-Württemberg: Hier wird Computersoftware entwickelt und in alle Welt verkauft.

ESSEN UND TRINKEN

Baden-Württemberg ist für seine gute Küche bekannt. Hier ein paar Kostproben: Spargel, Spätzle und die berühmte Schwarzwälder Kirschtorte.

Sahne, Kirschen und Schokoraspeln – hmm! Die Schwarzwälder Kirschtorte ist bei Kuchenfans ein echter Klassiker.

Zwischen April und Juni ist Spargelsaison in Baden. Dazu schmecken Kartoffeln und Schwarzwälder Schinken.

Schwäbische Spätzle

Für 4 Personen:
500 g Mehl, 5 Eier,
150 – 200 ml Wasser,
Salz, Spätzlebrett
und -schaber

Alle Zutaten in Schüssel vermengen und schlagen, bis der Teig Blasen wirft. Der Teig muss zäh von einem Löffel fließen. Wasser zum Kochen bringen; Salz zugeben. Wenn das Wasser kocht, das Spätzlebrett und den Schaber zum Anfeuchten kurz in den Topf halten. Ein bis zwei Löffel Teig auf das Brett geben und glatt streichen. Mit dem Schaber kleine Stücke vom Teig direkt ins Wasser schaben. Wenn die Spätzle an die Wasseroberfläche kommen, sind sie fertig.

BAYERN

„Grüß Gott!" im südlichsten und größten Bundesland. Franken, Schwaben und Bayern sind hier zu Hause, wo es Berge, Wälder, Seen und Täler gibt. Neben der quirligen Landeshauptstadt München sind viele weitere Städte sehenswert: Würzburg, Regensburg, Augsburg, Passau ...

Das Wahrzeichen von München ist die Frauenkirche mit ihren Zwillingstürmen. Bei gutem Wetter hat man vom Südturm aus einen tollen Blick auf die Münchner Altstadt und kann sogar die Alpen, das höchste Gebirge Europas, sehen.

In Bayern kann man unzählige prunkvolle Kirchen und barocke, also reich verzierte Bauten besichtigen – zum Beispiel die berühmte Wallfahrtskirche Vierzehnheiligen. Dieses Gotteshaus wurde nach den vierzehn Nothelfern benannt, die einem frommen Hirten erschienen sind.

Bayern mit seiner Bergwelt und den vielen Seen ist ein Freizeitparadies: Die Alpen, der Bayerische Wald, die Fränkische Alb und das Fichtelgebirge laden zum Wandern und Bergsteigen ein. Der Chiemsee mit der Frauen- und der Herreninsel ist nicht nur bei Seglern und Surfern beliebt.

WICHTIGE SEHENSWÜRDIGKEITEN

Im Süden Bayerns erhebt sich eine prächtige Berglandschaft mit über 2000 m hohen, schneebedeckten Gipfeln: die Bayerischen Alpen.

Hunderttausende Besucher aus nah und fern besichtigen jedes Jahr das malerisch gelegene Schloss Neuschwanstein in den Allgäuer Alpen. Ende des 19. Jahrhunderts zog sich der träumerische König Ludwig II. von Bayern gern auf sein Märchenschloss in den Bergen zurück.

Mit fast 3000 m ist die Zugspitze der höchste deutsche Berg. Hoch oben bietet Deutschlands einziges Gletscherskigebiet Schnee von November bis Mai. Am Fuß der Zugspitze liegt der bekannte Wintersportort Garmisch-Partenkirchen.

Neben dem Oktoberfest und dem Christkindlesmarkt sind die Landshuter Hochzeit und der Further Drachenstich bekannte Volksfeste.

Alljährlich findet auf der Münchner Theresienwiese das Oktoberfest – die Wiesn – statt. Auf dem größten Volksfest der Welt sitzen Erwachsene in Festzelten bei Musik und Bier zusammen. Kinder lockt die Wiesn mit ihren vielen Fahrgeschäften.

Der Nürnberger Christkindlesmarkt ist einer der ältesten Weihnachtsmärkte Deutschlands. Im Advent werden auf dem Hauptmarkt vor der Frauenkirche viele Verkaufsstände aufgebaut. Dann duftet es nach gebrannten Mandeln und Lebkuchen. Christbaumkugeln funkeln im abendlichen Licht.

ENTDECKEN UND ERLEBEN

Film, Technik, Handwerk, Theater – in Bayern bieten sich viele Gelegenheiten, einmal hinter die Kulissen zu schauen.

In den Studios und Werkstätten der Bavaria Filmstadt erfährt man, wie Kino- und Fernsehfilme gedreht werden.

Im „Kinderreich" des Deutschen Museums in München gibt es tausend Dinge zu erforschen – wie diese Riesengitarre.

In manchen Schauglashütten im Bayerischen Wald dürfen Kinder die Kunst des Glasblasens ausprobieren.

Über Marionetten, Spieler und Kulissen informiert das Puppentheatermuseum „Die Kiste" der Augsburger Puppenkiste.

Welches Kind kennt nicht die bunten LEGO-Bausteine, die man nach Herzenslust immer wieder neu kombinieren kann?

Im Legoland Günzburg fühlt man sich wie Gulliver im Zwergenland. Aus Millionen Spielsteinen wurde zum Beispiel die Münchner Allianz-Arena nachgebaut. Per Knopfdruck kann das Stadion sogar beleuchtet werden, was sicher nicht nur Fußballfans begeistert.

Eine Attraktion ganz anderer Art ist der Almabtrieb: Im Herbst wird das Weidevieh von den Almwiesen zurück ins Tal getrieben, wo es in den Ställen der Bauernhöfe überwintert. Dann werden die Kühe mit Zweigen, Kränzen, Blumen, Bändern und riesigen Glocken geschmückt.

ARBEIT UND WIRTSCHAFT

Bayern hat sich zu einem Industrieland mit hochmodernen Technologieunternehmen entwickelt. Wichtig sind auch Tourismus und Landwirtschaft.

In der Region Hallertau wird Hopfen angebaut. Als Zutat beim Bierbrauen verleiht er dem Bier das herbe Aroma.

Bayern ist das Käseland Nr. 1. Aus Kuh-, Schafs- oder Ziegenmilch werden verschiedene Käsesorten hergestellt.

Im Großraum München konzentrieren sich führende Unternehmen der Computerbranche sowie der Luft- und Raumfahrt. München selbst ist ein wichtiger Medien- und Forschungsstandort. Auch BMW hat hier sein Stamm- und Produktionswerk. Das Verwaltungsgebäude hat die Form eines Vierzylinders.

ESSEN UND TRINKEN

Weißwürste sind eine Münchner, Rostbratwürste eine Nürnberger Spezialität. Traditionell werden Weißwürste vor 12 Uhr mittags gegessen.

In Münchens Biergärten treffen sich Erwachsene gern auf eine Maß (1 Liter) Bier. Dazu werden oft Weißwürste mit einer „Brezn“ und süßem Senf gegessen. Beliebt ist auch der Leberkäse – eine Wurst, die weder aus Leber noch Käse, sondern aus Rind- und Schweinefleisch besteht.

Wanderer rasten gern auf einer Almhütte. Zur Brotzeit gibt es Wurst, kräftigen Bergkäse, Brot und frische Kuhmilch.

Zur Weihnachtszeit werden die bekannten Nürnberger Lebkuchen gebacken. Viele Sorten haben einen Oblatenboden.

GEOGRAFISCHE DEUTSCHLANDKARTE